대논쟁!
철학 배틀

지은이 **하타케야마 소**畠山創

와세다대학교에서 정치철학을 전공했으며, 현재 일본 최대 입시학원 요요기세미나代々木ゼミナール에서 윤리와 정치경제 과목을 가르치고 있다. 본질을 파고드는 정열적이고 명쾌한 강의로 인기를 얻어 현재 1,000여 개가 넘는 학교에 동영상 강의를 제공하고 있다. '소크라테스 문답법'을 활용해 학생들이 스스로 질문을 던지고 대화함으로써 철학의 매력과 소중함을 깨닫게 하고 있다. 저서로 『생각하는 힘을 기르는 철학 입문(考える力が身につく哲学入門)』 등이 있다.

그린이 **이와모토 다쓰로**岩元辰郎

일러스트레이터. 게임 〈역전재판逆転裁判〉 시리즈와 〈폭탄★판단バクダン★ハンダン〉, 애니메이션 〈몬스터 스트라이크モンスターストライク〉의 캐릭터 디자인을 담당했다.

옮긴이 **김경원**

서울대학교 국문과를 졸업한 후 동대학원에서 박사학위를 받았다. 일본 홋카이도대학교 객원연구원을 지냈으며, 인하대학교 한국학연구소와 한양대학교 비교역사연구소에서 전임연구원을 역임했다. 동서문학상 평론부문 신인상을 수상한 후 문학평론가로도 활동했다. 저서로는 『국어실력이 밥 먹여준다』(공저), 역서로는 『마르크스 그 가능성의 중심』, 『가난뱅이의 역습』, 『일본변경론』, 『청년이여, 마르크스를 읽자』, 『혼자 못 사는 것도 재주』, 『한국의 지를 읽다』, 『반지성주의를 말하다』, 『우린 행복하려고 태어난 거야』, 『단편적인 것의 사회학』, 『곤란한 성숙』 등이 있다.

TETSUGAKU BATTLE
© 2016 So Hatakeyama
Illustration by TATSURO IWAMOTO
First published in Japan in 2016 by KADOKAWA CORPORATION, Tokyo.
Korean translation rights arranged with KADOKAWA CORPORATION, Tokyo
through Danny Hong Agency.
Korean translation copyright © 2017 by Dasan Books Co., Ltd.

대논쟁! 철학 배틀

하타케야마 소 지음
이와모토 다쓰로 그림
김경원 옮김

디센
초당

철학이란
음미하고 대화하는 행위 그 자체

뜬금없지만 질문을 하나 던지겠습니다. 살인은 과연 절대악일까요? 만약 그렇다면 그 이유는 무엇일까요? 여러분이라면 어떻게 대답하시겠습니까?

사람을 죽이면 법적으로 처벌받기 때문에 악일까요?
그렇다면 그 법률은 과연 올바른 걸까요?
법률이 없다면 살인을 해도 될까요?

이 세 문장을 읽고 고민하는 것만으로도 이미 '철학하기'의 시동을 건 셈입니다. 철학은 어려운 것이 아닙니다. 바로 '왜 그럴까?' 하는 의문에 대한 근거를 생각하는 작업입니다.

평소 학생들에게 윤리와 정치경제 과목을 강의하는 저는, 많은 학생들 앞에서 이런 질문들을 던져보곤 합니다. 왜냐하면 이런 대화를 통해 우리는 지식을 쌓고 서로에 대한 이해를 심화시킬 수 있으니까요.

물음을 던지고 논의하는 대화는 특별한 것이 아니라 굉장히 일상적인 행위입니다. 예를 들어 선생님에게 대학에 진학하라는 말을 들은 한 고등학생이 '내가 정말 대학에 가야 할까?' 하고 스스로에게 묻거나 이 문제를 친구와 의논하는 행위가 바로 철학입니다. 또한 직장에서 부서를 옮기라는 말을 들은 샐러리맨이 '이치에 맞지 않는 상사의 명령을 꼭 따라야 할까?' 하고 묻는 것도 철학입니다.

한마디로 철학이란 어려운 것이 아니라 어떤 주장에 대한 근거를 생각하거나 가치를 판단하고 음미하는 작업입니다. 가치나 본질에 대해 '왜 그럴까?'를 묻는 '대화'입니다. 아주 쉽지 않나요? 철학은 바로 음미와 대화라는 행위 그 자체입니다.

고대 그리스에서는 일상생활부터 정치 분야에 이르기까지 다양한 방식으로 상대와 토론하는 일을 중시했습니다. 책을 읽고 쓸 뿐 아니라 사람들이 서로 직접 마주보고 대화하는 것에서 철학은 시작되었던 것입니다.

처음에는 자기 자신, 다음에는 타인과 대화를 나눔으로써 떠오르지 않았던 발상도 생겨나고, 서로 자극을 주고받는 가운데 더욱 좋은 아이디어를 나누고 논의도 깊게 파고들어갈 수 있습니다. 이것이야말로 이 책에서 소개하고 있는 소크라테스의 문답법, 헤겔의 변증법으로 이어지는 철학적 사유의 방법입니다.

단지 지식을 달달 외우기만 할 뿐 음미하거나 대화할 기회가 없다면 철학이라고 부를 수 없습니다. 동시에 우리는 과거 철학의 대선배들이 생각에 생각을 거듭한 끝에 연마한 고매한 사상들이 있다는 것도 잊지 말아야 합니다. 그렇다면 대화라는 행위를 실천하면서 위대한 철학자들의 사상을 배울 수는 없을까? 이런 생각으로 집필한 것이 바로 이 책『대논쟁! 철학 배틀』입니다.

이 책에는 고대 그리스 철학자부터 공자와 간디에 이르기까지 동서고금의 철학자, 사상가들이 한자리에 모였습니다. 그들은 철학사적 문제에서부터 현대 사회가 안고 있는 시사문제에 이르기까지 15개의 질문을 놓고 열띤 대화를 펼칩니다. 물론 등장하는 철학자들의 대사는 모두 제 머릿속에서 짜낸 것으로, '만약 그들이 이런 질문을 받으면 이렇게 대답하지 않을까?' 하고 상상했습니다. 그러한 상상을 뒷받침할 수 있는 근거로 주석을 통해 그들의 사상에 관한 용어를 정리하고 해설도 덧붙여놓았습니다.

이 책에 등장하는 소크라테스는 음미와 대화의 중요성을 역설한 고대 그리스 철학자로, 여기서는 진행자 역할을 맡고 있습니다. 각 장의 마지막 부분에서 논쟁에 참여한 철학자들의 주장을 요점 정리하는 역할도 맡았지요. 입문서라는 특성상 다양한 주제에 대한 철학자들의 발언은 엄밀하게 해설하기보다는 알기 쉽게 풀어쓰는 데 역점을 두었고, 가능하면 일상적인 언어와 예시를 통해 풀어내고자 했습니다. 이 책에 나오는 철학자들의 사상을 더욱 상세하게 알고 싶은 분은 서점에 들러 해설서나 그들이 쓴 책을 읽어주세요.

이 책의 일러스트는 게임 〈역전재판〉의 캐릭터 디자이너로 잘 알려진 이와모토 다쓰로 씨가 맡았습니다. 철학책을 만드는 일에는 처음으로 협업을 해봤다고 합니다. 철학자들이 서로 열띤 표정으로 논쟁하는 모습을 생생하게 살려주었지요. 대화 형식을 잘 살린, 실로 현장감 넘치는 일러스트입니다.

이러한 두 가지 새로운 시도로 37명의 철학자들이 벌이는 뜨거운 토론이 탄생했습니다. 독자들도 이 책과의 '대화'를 통해 철학의 즐거움을 만끽할 수 있기를 바랄 뿐입니다.

슬슬 토론 마당이 준비된 듯합니다. 둥둥 울리는 북소리와 함께, 뜨겁고 화끈한 철학 대토론회 현장에 어서 오십시오. 자, 이제 막이 올라갑니다!

우리 삶의 진짜 문제들을 고민하게 만드는 철학책

최근 우리 사회에는 '금수저 흙수저' 논란이 한창이다. 세상은 원래 불공평한 걸까? 왜 누구는 부자로 태어난 덕에 계속 잘살고 누구는 아무리 노력해도 '지지리 궁상'의 처지에서 벗어날 수 없단 말인가? 갑갑한 현실은 많은 이들을 좌절시킨다. 이런 상황에서 우리는 무엇을 어떻게 해야 할까?

여느 사람들에게 엿볼 수 있는 현실 대처법은 둘 중 하나다. 현실을 무기력하게 받아들이거나 밑도 끝도 없이 분통을 터뜨리거나. 대안 없는 분노로 가득한 인터넷 공간의 한편에는 맛집이나 여행지를 찾는 검색어들이 늘 인기 순위에 오르곤 한다. 골치 아픈 문제들에서 애써 눈길을 돌리며 마음의 위안을 찾으려는 모양새다. 하지만 그렇게 한다고 과연 삶이 나아질까? 우리의 미래를 제대로 가꿀 수 있을까? 이 질문에 고개를 끄덕일 이들은 거의 없을 듯싶다.

이 점에서 『대논쟁! 철학 배틀』은 무척 반가운 책이다. 어떤 문제를 제대로 풀고 싶다면 일단 '생각'을 하고 사람들과 '대화'를 나누어야 한다. '무엇이 잘못되었을까?', '이 문제를 어떻게 접근해야 할까?', '내가 내놓은 해법이 다른 문제를 낳지는 않을까?'와 같은 물음과 진지하게 씨름해야 한다는 뜻이다.

이 책은 우리에게 절실한 문제들에 대해 깊이 생각하게 한다. 예를 들어보자. 이 책의 1라운드 토론 주제는 '빈부격차는 어디까지 허용될까?'이다. 철학자 롤스는 이렇게 말한다. "사회적 약자를 소외시키지 않는 복지사회가 이룩될 때 비로소 빈부격차도 받아들일 수 있다." 이른바 '격차시정의 원리'다. 이 이야기에 우리의 현실을 비추어보자. 사회 한편에서는 경제를 살리려면 '금수저'들이 돈을 더 잘 벌 수 있는 환경을 만들어주어야 한다고 목소리를 높인다. 그들의 주머니를 충분히 채워주어야 소비와 투자가 늘어 '흙수저'들에게까지 혜택이 돌아간다는 논리로, 이른바 '낙수효과(trickle-down)' 이론이다. 하지만 과연 그럴까? 롤스의 격차시정의 원리에 따르면 사회적 정의를 위해서는 공정한 기회가 균등하게 보장될 수 있도록 먼저 '흙수저'들에게 일정한 지원이 이루어졌어야 했다.

토론의 흐름상 이 불공평한 세상을 뒤엎어야 한다는 불끈거리는 목소리가 나올 찰라, 또 다른 철학자가 나서서 우리가 생각지 못했던 부분을 짚어준다. 복지를 무한정 늘리고 모든 이들이 생계를 안정적으로 꾸릴 수 있는 쪽으로 경제 방향을 잡는 것이 우리의 살림살이를 진짜 나아지게 할까? 자유경쟁을 주장하는 아담 스미스는 이렇게 외친다. "누구나 구제받을 수 있는 온실 같은 환경에서 인간이 과연 경쟁을 할까? 경쟁을 위해 노력하려고 할까?"

사실 '평등을 위한 복지'와 '성장을 위한 경쟁'을 둘러싼 논쟁은 경제학의 역사만큼이나 오래되었다. 둘 중 어느 쪽을 우선하느냐에 따라 우리 사회의 미래는 크게 바뀔 것이다. 정답은 없다. 다만 이 책에 소개된 철학자들의 입씨름을 따라가다 보면, 우리가 진짜 고민해야 할 문제가 무엇인지 하나하나 정리가 된다.

우리 사회를 혼란하게 만드는 보수와 진보의 갈등도 마찬가지다. 4라운드 토론 주제 '인간의 본성은 선할까, 악할까?'를 읽고 이 문제를 다시 바라보자. 진보 사상의 원조로 꼽히는 철학자 루소에 따르면 인간의 본성은 선하다. 따라서 규제와 억압을 없애고 사람들을 자유롭게 풀어놓을수록 사회는 점점 바람직하게 바뀌어갈 것이다.

하지만 홉스의 생각은 전혀 다르다. 인간은 태어날 때부터 이기적인 존재다. 사회가 유지되는 이유는 사람들이 "자기 머리 위에 공포를 이고 있기" 때문이다. 즉, 정부가 무너지면 무질서와 폭력이 판칠지 모른다는 두려움, 그래서 안정적인 정치권력이 필요하다는 절실함이 국가를 유지하게 하고 사회를 편안하게 만든다는 것이다.

이 둘 사이의 논쟁은 인간의 본성은 악하다는 순자와 타고난 선한 마음을 키우는 쪽으로 교육해야 한다는 맹자까지 끼어들어 점입가경으로 깊어진다. 이들이 나누는 치열한 대화를 관전하다 보면 보수와 진보가 꿈꾸는 세상이 어떤 모습인지 감이 잡힌다. 물론 치열한 논쟁의 결말은 어느 쪽이 이겼다고 말하기 어려울 만큼 팽팽하다. 사실 책에서 다루는 주제와 등장하는 사상가들의 이론은 하나같이 철학의 고전으로 꼽히는 것들이다. 하나하나의 주장이 다 설득력이 있다. 이 책은 쉽게 결론을 내기보다 철학자들의 사유가 깊게 배어 있는 대화와 논쟁을 찬찬히 음미하게 함으로써 우리로 하여금 사유의 근육을 단단하게 기를 수 있게 한다.

이 책을 쓴 하타케야마 소는 정치철학을 전공했지만 전문 철학자는 아니다. 일본의 입시학원에서 윤리와 정치경제 과목을 가르치는 유명 강사다. 그러나 그가 전문 철학자가 아니라는 사실은 단점이 아니라 장점이다. 칸트의 『순수이성비판』이나 헤겔의 『정신현상학』은 무척 좋은 철학서지만, 사실 일상을 살아가는 대부분의 평범한 사람들에게는 거의 쓸모가 없다. 이해하지도 못할 어려운 글에서 삶에 요긴한 지혜를 얻기란 쉽지 않기 때문이다. 이 점에서 『대논쟁! 철학 배틀』은 일반 독자들을 위한 교양 철학서로서 매우 훌륭하다. 저자는 학원 강사의 경험을 살려 친숙한 일상적인 사례들을 통해 어려운 철학적 용어들을 설명하고 사람들의 마음을 쥐락펴락하며 집중시킨다. 철학 전공자로서, 철학교사로서 이 책을 읽으면서 무릎을 쳤던 장면이 한둘이 아니었다.

『대논쟁! 철학 배틀』은 철학자들의 열띤 대화를 통해 누구나 손쉽게 철학을 시작할 수 있도록 한 안내서이지만, 그 대화와 질문의 깊이는 결코 가볍지 않다. 그러나 세상에 편안하기만 한 운동은 없다. 우리가 근육을 키울 때 훈련의 고통을 이겨내는 가운데 땀 흘리는 즐거움을 깨닫게 되듯, 철학 공부도 이와 다르지 않다. 지적 즐거움이란 생각 없이 오락 프로그램을 바라볼 때의 쾌감과는 질적으로 다르다. 흐트러지는 마음을 다잡으며 대화에 집중하고, 이들이 던지는 질문들을 고민할 때 우리 정신의 근육은 조금씩 자라날 것이다. 또한 그렇게 조금씩 영혼이 단단해질수록 철학적 지혜가 주는 깨달음의 즐거움도 함께 누리게 될 것이다.

『대논쟁! 철학 배틀』은 불평등한 사회구조에 무기력함을 느끼거나 분노를 느끼는 우리 사회의 많은 사람들이 꼭 읽어야 할 책이다. 스스로 생각하고 합리적으로 판단하는 시민이 많아질수록 사회에 드리운 어두운 그림자도 점점 옅어질 것이다. 특히 독자들에게 책의 마지막인 15라운드를 꼭 읽어보라고 권하고 싶다. '나는 왜 사는가?', '우리는 어떻게 살아야 할까?'라는 주제는 인생의 본질을 파고드는 물음이지만, 대부분의 사람들은 좀처럼 하지 않는 고민이다. 그러면서도 행복하게 살기를 바란다. 마치 지도 없이 걸으면서도 목적지에 다다르리라 믿는 것처럼 말이다.

이 책에는 삶과 사회, 역사를 꿰뚫는 15개의 중요한 주제를 중심으로 사상가 37인의 치열한 대화가 펼쳐진다. 하나하나 곱씹으며 읽다보면 어느덧 혜안을 찾을 수 있을 것이다. 좋은 철학책은 질문에 대한 천편일률의 '정답'을 제시하는 것이 아니라 자신만의 답을 찾아가는 길을 일러준다. 이 점에서 『대논쟁! 철학 배틀』은 누구에게나 권하고 싶은 좋은 철학책이다. 이 책을 통해 '나'를 잃고 헤매는 오늘날 우리 사회의 많은 이들이 보다 단단한 자신을 만들 수 있기를 바란다.

2017년 1월
『철학, 역사를 만나다』 저자, 중동고 철학교사
안광복

철학 배틀 참가자 명단
고대~18세기

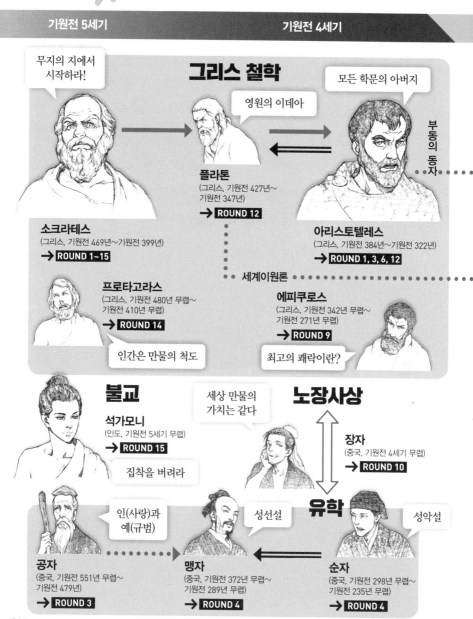

기원전 5세기

기원전 4세기

그리스 철학

무지의 지에서
시작하라!

영원의 이데아

모든 학문의 아버지

부동의 동자

플라톤
(그리스, 기원전 427년~
기원전 347년)
→ ROUND 12

소크라테스
(그리스, 기원전 469년~기원전 399년)
→ ROUND 1~15

아리스토텔레스
(그리스, 기원전 384년~기원전 322년)
→ ROUND 1, 3, 6, 12

세계이원론

프로타고라스
(그리스, 기원전 480년 무렵~
기원전 410년 무렵)
→ ROUND 14

에피쿠로스
(그리스, 기원전 342년 무렵~
기원전 271년 무렵)
→ ROUND 9

인간은 만물의 척도

최고의 쾌락이란?

불교

세상 만물의
가치는 같다

노장사상

석가모니
(인도, 기원전 5세기 무렵)
→ ROUND 15

집착을 버려라

장자
(중국, 기원전 4세기 무렵)
→ ROUND 10

유학

인(사랑)과
예(규범)

성선설

성악설

공자
(중국, 기원전 551년 무렵~
기원전 479년)
→ ROUND 3

맹자
(중국, 기원전 372년 무렵~
기원전 289년 무렵)
→ ROUND 4

순자
(중국, 기원전 298년 무렵~
기원전 235년 무렵)
→ ROUND 4

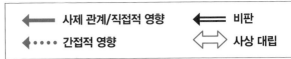

사제 관계/직접적 영향　　비판
간접적 영향　　　　　사상 대립

5세기　13세기　16세기　17세기　18세기

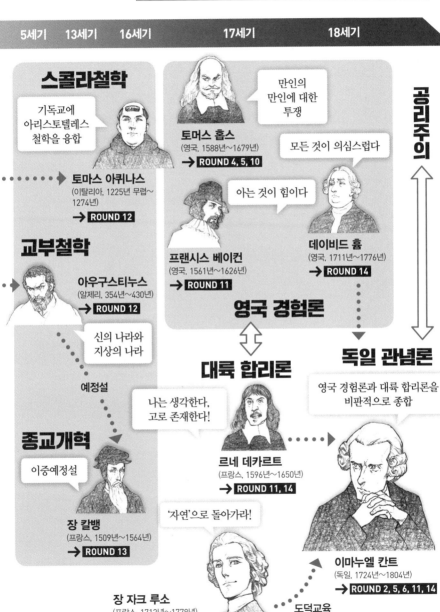

스콜라철학

기독교에 아리스토텔레스 철학을 융합

토마스 아퀴나스
(이탈리아, 1225년 무렵~ 1274년)
→ ROUND 12

교부철학

아우구스티누스
(알제리, 354년~430년)
→ ROUND 12

신의 나라와 지상의 나라

예정설

종교개혁

이중예정설

장 칼뱅
(프랑스, 1509년~1564년)
→ ROUND 13

만인의 만인에 대한 투쟁

토머스 홉스
(영국, 1588년~1679년)
→ ROUND 4, 5, 10

모든 것이 의심스럽다

아는 것이 힘이다

프랜시스 베이컨
(영국, 1561년~1626년)
→ ROUND 11

데이비드 흄
(영국, 1711년~1776년)
→ ROUND 14

영국 경험론

대륙 합리론

나는 생각한다, 고로 존재한다!

르네 데카르트
(프랑스, 1596년~1650년)
→ ROUND 11, 14

공리주의

독일 관념론

영국 경험론과 대륙 합리론을 비판적으로 종합

'자연'으로 돌아가라!

이마누엘 칸트
(독일, 1724년~1804년)
→ ROUND 2, 5, 6, 11, 14

장 자크 루소
(프랑스, 1712년~1778년)
→ ROUND 2, 4, 5, 10

도덕교육

철학 배틀 참가자 명단
18~20세기

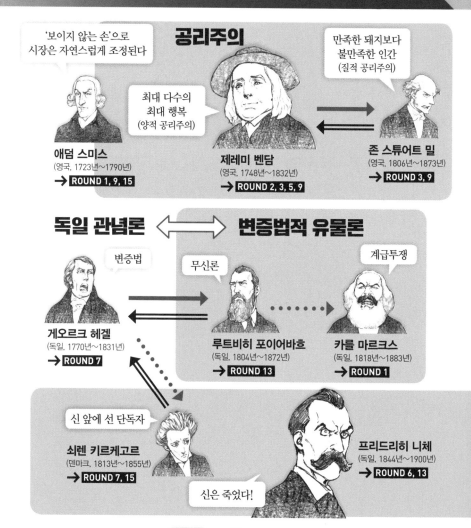

공리주의

'보이지 않는 손'으로
시장은 자연스럽게 조정된다

만족한 돼지보다
불만족한 인간
(질적 공리주의)

최대 다수의
최대 행복
(양적 공리주의)

애덤 스미스
(영국, 1723년~1790년)
→ ROUND 1, 9, 15

제레미 벤담
(영국, 1748년~1832년)
→ ROUND 2, 3, 5, 9

존 스튜어트 밀
(영국, 1806년~1873년)
→ ROUND 3, 9

독일 관념론 ⟺ 변증법적 유물론

변증법

무신론

계급투쟁

게오르크 헤겔
(독일, 1770년~1831년)
→ ROUND 7

루트비히 포이어바흐
(독일, 1804년~1872년)
→ ROUND 13

카를 마르크스
(독일, 1818년~1883년)
→ ROUND 1

신 앞에 선 단독자

쇠렌 키르케고르
(덴마크, 1813년~1855년)
→ ROUND 7, 15

프리드리히 니체
(독일, 1844년~1900년)
→ ROUND 6, 13

신은 죽었다!

체념

모리 오가이
(일본, 1862년~1922년)
→ ROUND 2

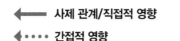

←	사제 관계/직접적 영향
⟵	비판
◄····	간접적 영향
⟺	사상 대립

20세기

위임독재

카를 슈미트
(독일, 1888년~1985년)
→ ROUND 10

자유주의

정의와 만민법

존 롤스
(미국, 1921년~2002년)
→ ROUND 1, 6

공동체가 중요!

공동체주의

알래스데어 매킨타이어
(미국, 1929년~)

마이클 샌델
(미국, 1953년~)

페르디낭 드 소쉬르
(스위스, 1857년~1913년)
→ ROUND 8

클로드 레비스트로스
(프랑스, 1908년~2009년)
→ ROUND 8

기호론   야생의 사고

구조주의

알베르 카뮈
(프랑스, 1913년~1960년)
→ ROUND 6, 8

부조리

한계상황

실존주의

실존은
본질에 앞선다

카를 야스퍼스
(독일, 1883년~1969년)
→ ROUND 13

장 폴 사르트르
(프랑스, 1905년~1980년)
→ ROUND 8, 10

타자론

**에마뉘엘
레비나스**
(프랑스, 1906년~1995년)
→ ROUND 15

비폭력 불복종

마하트마 간디
(인도, 1869년~1948년)
→ ROUND 6

대논쟁! 철학 배틀

ROUND 01 빈부격차는 어디까지 허용될까?
빈부격차는 정말 불공평한 것일까? · 024

  VS

아리스토텔레스　애덤 스미스　　마르크스　　롤스

ROUND 02 살인은 절대악일까?
살인을 인정할 수 있는 상황이 있을까? · 040

  VS

벤담　　모리 오가이　　칸트　　루소

밀　　　공자

VS

벤담

아리스토텔레스

맹자

루소

VS

순자

홉스

루소

칸트

VS

홉스

벤담

ROUND 01

빈부격차는 정말 불공평한 것일까?

현대 사회에 만연한 문제들의 근원이라 할 수 있는 빈부격차에 의한 빈익빈 부익부(貧益貧富益富) 현상, 능력과 환경에 따른 배분은 공평한 것일까? 고대에서부터 논의되어 온 문제의 철학적 해답은 무엇일까?

격차를 용인해야 한다!

출신 / 그리스
생몰년 / 기원전 384년~기원전 322년
좌우명 / 중용

플라톤의 가르침을 받은 뒤 독자적으로 현실주의 사상을 주장했다. 생물, 정치 등 광범위한 대상을 연구했으며, 이들을 전부 필로소피아('철학'의 어원으로 지혜에 대한 사랑을 뜻한다)라고 일컬었다. 광범위한 연구 분야로 '모든 학문의 아버지'라고 불리며, 마케도니아 왕의 요청으로 소년 시절의 알렉산드로스 대왕을 가르치기도 했다.

아리스토텔레스
Aristoteles

'모든 학문의 아버지'로 불리는
지성사의 거인

애덤 스미스
Adam Smith

출신 / 영국
생몰년 / 1723년~1790년
좌우명 / 보이지 않는 손

경제적 자유방임주의를 주장했으며, 자본주의 사회를 처음으로 체계적으로 논의한 대작 『국부론』을 저술했다. 글래스고대학에서 철학을 가르쳤고, 같은 대학에서 논리학과 도덕철학 과목 교수로 일했다. 강의록인 『도덕감정론』도 높은 평가를 받고 있다.

근대 경제학의 막을 열어젖힌
철학자

빈부격차는 어디까지 허용될까?

빈부격차는 바로잡아야 한다!

카를 마르크스
Karl Heinrich Marx

출신 / 독일
생몰년 / 1818년~1883년
좌우명 / 인간 사회의 역사는 계급투쟁의 역사

독일 출신의 경제학자, 철학자. 베를린대학을 나와 헤겔 철학의 영향을 강하게 받았다. 이를 바탕으로 사적 유물론을 제창했다. 『공산당선언』, 『자본론』 등을 저술했고 20세기의 사회와 정치 분야 등 다방면에 막대한 영향을 미쳤다.

사회주의·공산주의 사상의 아버지

출신 / 미국
생몰년 / 1921년~2002년
입버릇 / 공정함으로서의 정의

제2차 세계대전에 참전한 뒤로 본격적으로 철학을 연구했다. 프린스턴대학을 졸업하고 하버드대학 등에서 가르쳤다. 1971년 발표한 『정의론』에서 정치에서의 정의와 그 정통성을 문제 제기함으로써 정치철학 분야에 커다란 영향을 미쳤다.

존 롤스
John Rawls

제자리걸음이던 학계를 변화시킨 정치철학자

소크라테스

에헴, 난 의장을 맡은 소크라테스라고 하네. 여기서 우리는 시대를 초월해 역사적으로 활약한 주요 철학자들을 초대해 오늘날의 시사 문제부터 철학의 주요 논제에 이르기까지 15개 물음에 대해 자유롭게 논의하도록 할 작정이야. 물론 서양뿐 아니라 동양의 철학자와 사상가도 초대할 생각이고 말이지.

아리스토텔레스

정말 기대가 큰데요! 플라톤 선생님은 소크라테스 선생님의 제자시니까…. 음, 그럼 저는 선생님의 손자뻘 제자라고 해야 할까요? 물론 토론할 때는 스승이라고 봐주는 일은 없겠지만요. 기탄없이 제 주장을 펼치겠습니다.

소크라테스

물론이네. 그래야 하고말고. 그럼 거두절미하고 맨 처음 다룰 주제를 말하도록 하지. 바로 오늘날 세계적으로 격렬한 논쟁을 일으키고 있는 '빈부격차 문제'일세. 우선 오른쪽 표를 좀 보게나. 21세기에는 전 세계 사람들 중 상위 20퍼센트가 세계 부의 80퍼센트 이상을 독점하고 있군. 상위 10억 명과 나머지 50억이 넘는 사람들 사이에 엄청난 부

폴리스(polis)적 동물　인간에 관한 아리스토텔레스의 정의 중 하나다. 꿀벌 등 다른 군집 동물도 폴리스적 동물이라고 할 수 있다. 혼자 힘만으로는 살아갈 수 없기 때문에 타자와의 공존이 필요하다.

배분적 정의　폴리스의 법에 따르는 것이 '전체적 정의'이며, 현실 생활에서 벌어지는 일에 관한 것이 '부분적 정의'이다. '부분적 정의'는 예컨대 각자의 능력에 따라 보수를 받는 '배분적 정의'와 재판이나 거래 등에 의해 공평하게 잴 수 있는 '시정적 정의'로 나눌 수 있다.

의 격차가 생겨나고 있다는 뜻이지.

아리스토텔레스

'빈익빈 부익부' 문제로군요. 먼저 부자와 가난한 사람이 존재하는 것을 어떻게 인정할 것인가 하는 문제가 나올 것 같은데, 그 전에 짚어두고 싶은 것이 있습니다. 바로 인간은 **폴리스적 동물**이라는 것입니다. 폴리스란 국가와 같이 우리가 살고 있는 공동체를 말합니다. 인간은 그곳을 떠나서는 살아갈 수 없지요. 이 공동체에서는 각각 자신의 능력에 맞게 부를 분배받는 **배분적 정의**가 필요합니다. 한마디로 말해 대가로 주어지는 부는 개인의 능력에 따라 다르게 분배되어야 한다는 것이지요. 그 안에서 성과를 올릴

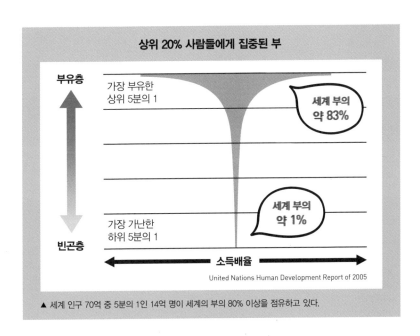

▲ 세계 인구 70억 중 5분의 1인 14억 명이 세계의 부의 80% 이상을 점유하고 있다.

수 있는 사람은 그렇지 않은 사람보다 더 많은 대가를 받아야 합니다. 따라서 경제적 격차를 무조건 나쁘게 보는 것은 잘못입니다.

잠깐만요. 그 말씀은 전혀 받아들일 수 없군요. 개개인이 선을 추구하기 때문에 공동체도 선을 지향한다는 것은 지나치게 순진한 목가적(牧歌的) 세계관입니다. 아리스토텔레스 선생의 시대라면 몰라도 오늘날의 자본주의 세계라면 말이지요. 자본가는 노동자의 임금을 과소평가하고 생산가치에서 임금을 뺀 **잉여가치**를 수탈해갑니다. 그것이 바로 이윤이지요. 이윤을 축적한 자본가가 사회적으로 압도적인 힘을 가진 지배계급이 되는 세상인데, 그런 사회를 어떻게 공평하다고 할 수 있습니까?

마르크스 군, 자네가 말하는 '자본가'가 대체 뭔가? 난 도저히 이해할 수 없네만…. 자네 의견은 너무 극단적이야. 내가 생각하는 이상적인 폴리스는 극단적인 민주제도 아니고 극단적인 과두제도 아니네. 그 두 가지 정치체제의 **중용** 상태라고 생각해. 폴리스는 공공의 이익을 생각해야 하

잉여가치 마르크스 경제학의 개념 중 하나로 노동자의 노동으로 생산한 생산물의 가치에서 임금을 뺀 나머지를 말한다. 마르크스에 따르면 자본가는 잉여가치를 가져가면서도 그에 상응하는 임금은 지불하지 않는다.

중용(中庸) 중간이라는 뜻의 '메소테스(mesotes)'를 번역한 말. 고대 그리스에서는 과도하거나 부족한 것을 나쁘게 여기고, 균형을 갖춘 중간 상태를 탁월함(arete)으로 여겼다. 예를 들면 '용기'라는 덕목은 '무모함'과 '겁먹음'의 균형적인 상태다.

니까, 정치 제체는 왕정도 아니고 귀족제도 아닌 공화제를 이상으로 삼아야 하네. 만일 절대왕정 사회라면 그것을 타도하고 공화제로 나아갈 필요가 있을지도 모르지. 이른바 **혁명** 말이네. 그런데 잠깐만…. 어라? 혁명을 긍정한다고 하면 마르크스 군의 생각과 같아지나?

마르크스

아리스토텔레스 선생께서 혁명이란 말을 하실 줄 몰랐습니다. 방금 그 의견은 바로 제가 주장한 노동자계급에 의한 혁명, 즉 프롤레타리아혁명 개념과도 이어지겠군요. 인류의 역사는 애초부터 **계급투쟁**의 역사였습니다. 근대 자본주의 사회가 되면 프롤레타리아트(노동자계급)와 부르주아지(자본가계급)의 계급투쟁이 극한으로 치닫습니다. 그리하여 결국 프롤레타리아트에 의해 혁명이 일어나 지배계급인 자본가계급을 타도하고 공산주의 세계가 탄생할 때, 비로소 계급투쟁은 끝날 것입니다.

아리스토텔레스

자본가와 노동자라…. 요컨대 지배층이 무너지고 이상적인 사회가 된다는 말이겠지?

혁명 단기간에 일어난 체제나 구조의 근본적 변혁을 말한다. 여기에서는 프랑스혁명과 같은 시민(부르주아)혁명. 다시 말해 왕정 등 봉건국가를 근대적 시민사회로 전환시키는 변혁을 뜻한다. 이렇게 탄생한 자본주의 체제를 무너뜨리고 사회주의 체제를 지향하는 혁명이 바로 마르크스가 말하는 프롤레타리아혁명이다.

계급투쟁 자본가와 노동자 등 사회적으로 발생한 계급 사이의 대립과 싸움을 말한다. 18세기 후반의 사회주의 사상가 생시몽(Saint-Simon) 등이 사용한 개념이다. 마르크스는 『공산당선언』에서 "오늘날까지의 모든 인간 사회의 역사는 계급투쟁의 역사"라고 기술했다.

음, 뭐 대충 말하면 그렇습니다만.

그렇다면 우리는 생각이 일치하는군. 극단적인 착취가 행해지고 있다면 혁명이라는 대항 수단도 인정해야 하지 않겠나?

아, 잠깐만요. 이야기가 갑자기 혁명으로 튀어버리면 곤란합니다. 논의가 너무 거칠어져요. 사회 정의를 실현하자는 말에는 물론 찬성하지만, 현재의 사회체제를 유지하면서 약자를 구제할 수 있는 현실적인 방법을 생각해야 하지 않을까요?

어떤 방법으로 정의를 실현한다는 말인가?

우선 현재 사회가 만들어지기 이전에 '원초적'인 상태가 있었다고 가정해보겠습니다. 그 상태에서는 누구든 자기

롤스의 자유주의

롤스는 당시까지 대세였던 공리주의에 기초한 자유주의에 맞서 새로운 자유주의 규범을 제창했다. 그의 주장은 정치철학, 윤리학계에 활발한 논의를 불러일으켰다. 롤스가 말한 공정함으로서의 정의 개념은 복지국가를 옹호하는 이론적 버팀목이 되었다.

자신을 알지 못합니다. 부유한 집안의 자식인지, 야구에 재능이 있는지, 선천적으로 병이 있는지 등등 개인적 자질에 관한 정보가 아무것도 없다고 가정해보는 겁니다. 저는 이 상태를 **무지의 베일**이 씌워진 상태라고 부릅니다. 이 개념을 통해 인간이 지켜야 할 정의의 규범과 정통성을 분명하게 밝히고 싶었지요. 이 무지의 베일이 씌워진 원초적 상태에서 자유롭게 합리적인 생각을 할 수 있는 인간들이 서로 합의하는 원리야말로 정의가 무엇인지 결정한다고 생각합니다. 바로 **공정함으로서의 정의**지요.

마르크스

어째서 원초적인 상태의 합의가 정의의 근거가 될 수 있다는 말인가?

롤스

자신과 타자의 능력이나 처지에 대해 아무런 지식이나 선입견이 없기 때문입니다. 다시 말해 이기적이고 감정적인 판단을 배제하고 가장 공정하게 사물을 판단할 수 있다는 말이지요. 원초적인 상태에서는 타인에 대한 질투나 우월

무지(無知)의 베일(veil) 베일을 쓴 것처럼 아무것도 모르는 상태가 된다는 것. 자신이 위치한 사회적, 자연적 환경을 배제한 상태에서 보는 관점을 말한다. 공정함으로서의 정의를 가르칠 때, 자신에게 유리할 수 있는 환경을 배제한 상태를 상정하고 공정한 논의를 이끌어내고자 한 개념이다. 롤스는 무지의 베일이 씌워진 가설적인 상황을 '원초상태 (original position)'라고 불렀다.

공정함으로서의 정의
- 제1원리 정치적 평등
- 제2원리 사회경제적 평등(일정 격차는 용인)
  - 기회균등의 원리(평등한 경쟁)
  - 격차시정의 원리(사회적 약자의 구제)

감에 사로잡히지 않고 합리적인 판단을 내릴 수 있습니다. 게다가 누구나 합리적으로 판단할 테니, 만에 하나 곤란한 문제가 생기더라도 최악의 상태에 빠지는 일은 피하도록 지혜를 짜내겠지요. 저는 그곳에서 도출되는 정의의 원리를 두 가지 범주로 나누었습니다. 하나는 인간은 기본적인 자유에 대해 평등한 권리를 지니며, 그 권리는 타자의 자유와 양립할 때 인정받는다는 제1원리, 즉 평등한 자유의 원리입니다.

소크라테스

나머지 하나는 뭔가?

롤스

실은 나머지 하나인 제2원리가 매우 중요합니다. 개인이 자유를 추구하는 과정에서 벌어지는 사회적, 경제적 불평등을 완전히 피할 수는 없습니다. 그러나 정의 아래서 불평등이 합당하게 인정받으려면 사회적, 경제적 불평등이 충족시켜야 할 조건이 두 가지 있지요. 이것이 바로 제2원리입니다. 첫 번째 조건은 가장 불우한 처지에 놓여 있는 사람에게는 불평등한 상태가, 사회적 지원을 받는 것처럼 어떤 이익이 되어야 한다는 것입니다. 이것을 격차시정의 원리라고 부릅니다. 두 번째 조건은 공정한 기회균등이 보장되어 있다는 전제 아래, 모든 사람에게 기회가 열려 있는 직책이나 지위에는 불평등이 결부되어 있어야 한다는 것입니다. 이것을 **기회균등의 원리**라고 부릅니다.

아리스토텔레스

제2원리를 조건으로 삼는다면 불평등이 용인된다는 말인가?

롤스

그렇지요. 오늘 나온 이야기로 짐작하건대 경제적 격차는 있어도 괜찮다고 할까, 아니 어쩔 수 없는 문제라고 해야 겠군요. 그렇다면 원칙적으로 불평등을 제2원리를 충족시키는, 공정함으로서의 정의라는 데 동의해야 한다고 생각합니다. 이러한 사고방식에 따르면 사회적으로 불우한 사람들, 이른바 사회적 약자를 구제하는 시스템을 구축하는 것이 필수적입니다. 그것이 정의지요. 20세기 이후의 세계에서는 **사회적 약자를 소외시키지 않는** 정의가 시스템적으로 갖춰진 국가를 복지국가라고 부릅니다.

마르크스

복지국가라…. 만약 그런 것이 실현된다면 혁명이 일어나지 않아도 계급투쟁이나 인간의 소외 문제가 다 해결된다는 말인가?

애덤 스미스

그 의견에 난 반대입니다. 롤스 군의 정의론은 아무래도 인간에 대한 근원적인 이해가 삐끗 엇나간 것 같군요.

기회균등의 원리 롤스는 무지의 베일이 씌워진 상태의 인간은 자신이 처한 환경을 모르기 때문에 모든 이가 공정한 경쟁을 기대한다고 생각했다. 또한 모든 사람이 최하층으로 전락할 가능성이 있다는 것도 알고 있기에 그러한 상태를 개선하고자 하는 '격차시정의 원리'를 바란다고 여겼다.

사회적 약자를 소외시키지 않는다 이런 시스템이 바로 안전망이다. 줄타기 서커스를 할 때 줄에서 떨어지더라도 안전할 수 있도록 쳐놓은 그물에서 유래한 말이다. 개인이나 기업이 현저하게 곤궁한 처지에 놓였을 때 최악의 상황에 빠지지 않도록 보호하는 시스템인 노동자의 고용보험, 사회적 구제 제도가 여기 속한다.

무슨 말씀이십니까? 그냥 듣고 있을 수 없군요. 제가 인간을 잘못 이해하고 있다는 말입니까?

그렇다네. 복지국가라고 하면 얼핏 이상적인 사회를 이야기하는 듯 보이지만, 누구나 구제받을 수 있는 온실 같은 환경에서 인간이 과연 경쟁을 할까? 경쟁하기 위해 노력할까? 롤스 군은 내가 말하는 '보이지 않는 손'을 제대로 이해하지 못한 것 같은데, 아닌가?

'신의 보이지 않는 손' 말입니까?

아니지. 난 신이라는 말은 한 적 없네. 『국부론』을 찬찬히 읽어보게. 내가 말했던 건 인간 각자가 원하는 대로 행동하면, 다시 말해 각 개인의 이기심에 따라 행동하면, 반드시 신이 정해준 '예정조화(豫定調和)' 상태에 이르게 된다는 것이었지. 개인의 이기심에 바탕을 둔 이익 추구가 보이지

애덤 스미스의 '보이지 않는 손'

'보이지 않는 손'은 애덤 스미스가 『국부론』에서 사용한 개념이다. 개개인의 이익 추구가 모이면 결과적으로 전체의 이익이 된다는 뜻으로, 시장경제의 조정 형태를 말한다. 그는 생산성을 높이는 분업을 중시했고, 이 기적인 영리 활동도 사회적 분업이라고 파악했다. '신의 보이지 않는 손'이라고도 알려져 있지만, 『국부론』에는 '신'이라는 단어는 쓰이지 않았다.

않는 손에 의해 사회 전체의 이익으로 연결된다는 말일세. 그런데 롤스 군이 말하는 공정함으로서의 정의에 기초한 복지사회란 결국 개인의 이기적 자유를 배제하고 국가나 정부가 미주알고주알 보살펴준다는 말 아닌가?

롤스

내 참, 미주알고주알이랄 것까지야….

애덤 스미스

요점만 간단히 말하면 그런 말이지 않나? 그렇지만 말이야, 자신이 얼마를 받고 얼마나 일을 하는지, 또는 사회가 얼마만큼의 노동자를 얼마에 고용할지, 이런 결정에 일일이 정부가 개입한다면 어떻게 되겠나? 임금도 의도적으로 결정될 것이고, 개개인의 자유로운 경쟁은 가로막혀 자연스럽게 이익을 추구하는 일도 없어질 걸세. 이래서야 인간 사회를 성립시키는 올바른 경쟁이 이루어질 수 있겠나?

롤스

올바른 경쟁이라고요? 저야말로 바로 그 부분을 논의하고 있습니다. 아까 무지의 베일이 씌워진 원초적인 상태라는 말을 했는데, 그건 어디까지나 가설입니다. 인간은 태어나면서부터 평등하지 않아요. 그런데도 개인의 이기심이나 노력만으로 모든 경쟁이 이루어지고, 그 결과도 모두 개인이 짊어지는 것을 과연 올바르다고 할 수 있을까요? 전 그런 것을 정의라고 생각하지 않습니다.

마르크스

나도 그렇게 생각하네. 애당초 자본주의라는 세계는 불평등을 전제로 삼고 있으니 노동자가 자본가에게 착취당하는 것은 자연스러운 일이지. 인간이란 노동으로 자아를 실현하는 생물이고, 노동이란 타인과의 협동 작업이지 혼자 힘으로만 하는 게 아니야. 인간은 타자와 관계를 맺으면서 살아가는 **유적 존재**란 말이지. 애덤 스미스 선생, 정말 인간이 혼자서 살아간다고 생각하는 거요?

애덤 스미스

그렇네. 개개인의 이기심을 전제로 삼는 이상 그렇다고 생각해. 사회의 존재를 부정하지는 않지만, 결국 결정을 내리는 것은 자기 자신이니까. 난 이것을 이기심이라고 부르고, 모든 인간 존재의 기본이 된다고 생각하네. 자네들은 만인의 이익을 생각하는 '공리(功利)'를 전제로 삼고 있는 듯한데, 이기심이 있고 나서야 공리가 있는 것일세. 그러나 본성은 이기적일지라도 인간은 타인에 대한 공감과 동정을 느끼고 도덕적으로 행동할 수 있지. 공감과 동정을 이끌어내는 것은 냉정하고 공평한 관찰자의 관점이고 말이야. 나

노동과 자기실현

마르크스는 노동에 인간의 자기실현을 충족시키는 지점이 있다고 생각했다. 그러나 자본주의가 인간을 상품화하면서 노동에서 자기실현의 측면은 사라지고 고통만 남게 되었다. 이를 '노동의 소외'라고 한다.

는 이것을 **공평한(중립적인) 관찰자**라고 부르지. 자신을 객관적으로 볼 수 있는 **제3자의 공감**이라는 관점을 갖는다면, 모든 경쟁은 공정한 경쟁으로 상찬을 받게 될 게야. 내가 말한 '보이지 않는 손'은 이 공정한 경쟁을 전제로 해서 작동하는 것이네.

롤스

공정한 경쟁이기만 하면 결과로 발생하는 빈익빈 부익부는 용인해야 한다는 말입니까?

애덤 스미스

예를 하나 들지. 유원지에서 줄을 대신 서주는 아르바이트가 있다고 치세. 인기 있는 놀이기구를 타고 싶지만 오랫동안 줄을 서서 순번을 기다리기는 싫은 사람을 위해 대신 줄을 서주고 보수를 받는 일거리인 셈이지. 이럴 때 파는 쪽과 사는 쪽, 즉 '대신 줄을 서주겠다'고 간판을 내건 장사꾼과 그에게 돈을 지불하는 손님이 있다면 그 둘의 합의에 의해 장사는 성립하네. 그러나 그 일이 주위 사람들의 '공감', 그러니까 공평한(중립적인) 관찰자의 공감까지 얻을 수 있을까?

유적 존재(類的存在)　사회주의 사상가가 사용한 인간에 대한 정의 중 하나로, 타인과 공동생활을 영위하는 인간이 사회적이고 공동체적 존재임을 가리키는 말이다. 이 개념은 19세기 후반 사회주의 철학자 헤스(Moses Hess) 등이 제창했고, 그 영향을 받은 마르크스가 발전시켰다.

공평한(중립적인) 관찰자, 제3자의 공감　제3자의 관점에서 사람들의 행동을 바라보는 공평한 관찰자가 있다고 치자. 그의 입장에서 자기 행동을 바라보고 공감을 얻을 수 있는 범위 안에서 행동할 때, 비로소 이기심에 기초한 이익을 추구하는 것이 용인된다.

마르크스

그럴 리 없죠. 불공평하니까!

애덤 스미스

암, 그렇지. 그러니까 '제3자의 공감'을 얻지 못한 경쟁이나 경제 행위는 공정한 경쟁이 아니기 때문에 해서는 안 된다는 것이 내 입장이네.

소크라테스

인간은 혼자 살아가는가, 아니면 타자와 관계를 맺고 살아가는가. 이 둘로 의견이 나뉘는 것 같군. 하지만 인간이 타인과 맺는 관계 자체는 받아들여야 한다는 점에선 모두의 주장이 일치하는 것 같고 말이야.

아리스토텔레스의 '폴리스적 동물', 마르크스의 '유적 존재', 롤스의 '공정함으로서의 정의' 그리고 애덤 스미스의 '공감의 윤리'는 하나같이 '타자와의 관계'를 논의할 때 등장하는 중요한 개념이지. 그런데 타자와의 관계를 생각할 때 사회적인 격차를 조건부로 인정한다고 해도 그 격차를 방치하고 빈익빈 부익부 상태가 고정되도록 두는 것은 역시 문제가 있어. 롤스 군은 어떤 원리를 내세우고, 원리로부터 현실이 멀어지면 현실을 원리에 들이맞추면서 계속 재검토해가는 **반성적 평형**이란 개념을 사용하고 있군.

반성적 평형(reflective equilibrium) 어떤 원리를 내세운 다음, 그것과 일치하지 않는 현상을 원리에 비추어 상호조정하는 과정을 일컫는 개념이다. 롤스는 이 과정에서 현상뿐 아니라 원리 자체의 수정이 이뤄질 수도 있다고 보았다. 그의 정의론은 바로 이 반성적 평형을 통해 평생에 걸쳐 탐구해나간 것이다.

이것은 바로 현재 자신의 지식에 만족하지 않고 늘 진리를 탐구하고자 하는 '무지(無知)의 지(知)'라는 내 개념과 통하는 것이 아닌가? 인간은 눈앞에 있는 당연하게 보이는 것들도 늘 음미하는 생물이지. 음미하지 않는 삶은 가치가 없어. 그럼, 오늘은 여기까지 할까?

토론자들의 주장 정리

❶ 격차는 능력에 따른 배분이며 정의의 하나다. (아리스토텔레스)
❷ 격차를 낳는 개인의 이기심에 기초한 이익 추구는 결국 사회 전체의 이익으로 이어진다. (애덤 스미스)
❸ 격차는 자본가의 착취에 의해 생겨나는 불공평한 것이다. (마르크스)
❹ 격차를 인정하려면 기회의 균등과 약자 구제 시스템이 기능해야 한다는 전제가 있어야 한다. (롤스)

ROUND 02

살인을 인정할 수 있는 상황이 있을까?

존엄사나 안락사 문제가 화제가 되는 시대를 맞이해 '사람이 사람을 죽이는 일'의 옳고 그름에 대한 논의가 활발하다. 고대로부터 논쟁적 주제였던 사회 전체와의 관계 속에서 인간과 개인의 가치를 어떻게 파악할 것인가라는 관점에서 이 문제를 생각해보자.

어쩔 수 없는 경우도 있다!

제레미 벤담
Jeremy Bentham

미스터
공리주의

출신 / 영국
생몰년 / 1748년~1832년
좌우명 / 최대 다수의 최대 행복

공리주의를 창시한 영국의 철학·법학·경제학자. 『정부론 단편』 등에서 제시한 '최대 다수의 최대 행복'이라는 말로 널리 알려졌다. 법학을 전공했지만 법조계가 아닌 저술 분야에서 성공을 거두었다.

모리 오가이
森鷗外

군의관 겸
소설가

출신 / 일본
생몰년 / 1862년~1922년
좌우명 / 체념(Resignation)

본명은 모리 린타로(森林太郎). 메이지유신 이후 도쿄로 올라와 육군 군의관 자격으로 독일 유학을 다녀왔다. 귀국 후에는 군의관을 겸하면서 소설, 번역, 평론 등 왕성한 집필 활동을 펼쳤다.

살인은
절대악일까?

이마누엘 칸트
Immanuel Kant

출신 / 독일
생몰년 / 1724년~1804년
좌우명 / 내 마음 속 도덕법칙

18세기에 활약했던 독일 철학자. 독일 관념론의 아버지라 불리며, 피히테, 헤겔 등에게 큰 영향을 미쳤다. 『순수이성비판』, 『실천이성비판』, 『판단력비판』 등으로 비판주의적 입장을 견지했다.

독일 관념론의
아버지

장 자크 루소
Jean-Jacques Rousseau

출신 / 프랑스
생몰년 / 1712년~1778년
입버릇 / 자연으로 돌아가라!

18세기 후반 프랑스에서 활약한 계몽사상가. 『사회계약론』에서 전개한 인민주의라는 개념은 프랑스혁명의 기초가 되었고, 나중에는 메이지 일본의 자유민권운동에도 영향을 끼쳤다.

프랑스혁명의
정신적 지주

소크라테스

이번 라운드에서는 '어떤 형태로든 살인은 모두 악한가?' 라는 보편적인 주제로 토론해보겠네. 살인을 가리켜 선이냐 악이냐 묻는다면 물론 악에 해당할 테지. 자신이 살해당하는 것이 싫다면 남을 죽여서도 안 되는 것이고…. 그러나 그렇게 간단한 이야기는 아닐세. 누군가를 죽이지 않으면 내가 죽을지도 모르는 상황도 있고, 한 사람이 죽음으로써 다수의 목숨을 구할 수도 있을 테니. 또 살인을 정당화하는 사람도 있기 마련일 게야.

그래서 실제 일어난 사건을 사례로 갖고 왔네. 아래 이야기를 두고 살인의 옳고 그름에 대해 살펴보세.

〈살아남기 위한 살인 – 미뇨네트(Mignonette) 호 사건〉

1884년 7월 5일, 영국에서 오스트레일리아를 향해 항해하던 미뇨네트 호는 아프리카 대륙 최남단 희망봉에서 멀리 떨어진 남태평양 공해상에서 조난을 당했다. 선장, 선원 두 명, 17세의 소년 급사. 이렇게 네 명의 승무원이 구명보트를 타고 탈출에 성공했지만 식량은 금세 바닥을 드러냈다. 그러자 선장은 급사 리처드 파커를 살해했고, 남은 세 명은 그 시체를 먹은 덕분에 살아 돌아왔다. 자, 이 살인 행위는 절대악이라고 말할 수 있을까?

벤담

자, 생각해보지요. 이 사건의 경우, 요트에 타고 있던 네 명 중 한 사람을 희생물 삼아 나머지 세 명의 목숨을 건졌다고 볼 수 있습니다. 우선 인간 사회의 '선'에 대해 생각해보죠. 제가 생각하는 선은 사회 전체의 쾌락을 증대시키는 것입니다. 사람들은 이를 공리주의라고 부르더군요. 요컨대 인간은 고통과 쾌락이라는 두 군주의 지배 아래 놓여 있다는 말입니다.

인간의 삶의 규범이 고통과 쾌락이라는 말입니까?

그렇습니다. 그러니까 우리는 사회 전체의 쾌락을 생각하고 행동해야 합니다. 고대 그리스 이래 많은 철학자들은 쾌락을 억제하는 것이 도덕적으로 선이라고 말해왔지요. 전 그런 발상을 역전시킨 거고요.

흠, 확실히 참신한 생각이군요.

사회 전체의 쾌락을 증대시키고 고통을 감소시킨 결과 우리는 **최대 다수의 최대 행복**을 얻을 수 있습니다. 이런 결과를 중시하는 것이 바로 사회적 선입니다.

공리주의

벤담에서 시작해 제임스 밀(James Mill)과 그의 아들 존 스튜어트 밀(John Stuart Mill) 등이 전개한 사상으로 행동을 결과의 관점에서 생각해 도덕적으로 판단하는 귀결주의 하나다. 다시 말해 공리주의는 칸트가 말하는 의무의 윤리와는 대척점에 위치한다. 벤담은 최대 다수의 최대 행복이라는 기준으로 개인의 행복을 총합한 것이 사회 전체의 행복이라고 보았다.

잠깐만. 그러니까 요트 안의 다수인 세 사람이 살아남기 위해 한 사람을 죽인 것을 인정해야 한다는 말인지요?

결과적으로는 그렇다고 해야 하지 않을까요?

그런 생각은 잘못입니다. 아무리 절박한 상황에 놓이더라도 인간이 다른 인간의 존엄성을 박탈할 수는 없죠. 따라서 어떤 살인도 용인될 수 없습니다. 선생은 지금 사람의 목숨을 단지 수처럼 취급하고 있는 것은 아닙니까?

하지만 그렇게 하지 않았다면 네 명 전부 죽음에 이르렀을 테지요.

아니, 그렇지 않습니다. 전원이 목숨을 구하는 방법이 있었을지도 모릅니다. 선생이 말하는 최대 다수의 최대 행복이라는 결과를 우선시하는 사상은 한 사람을 죽여 다른 세 사람을 살릴 수 있다면, 그 손쉬운 방법으로 쏠리겠지요. 하지만 인간에게는 모든 살인에 타당한 이유가 없으며, 따라서 결코 허용될 수 없다는 전체의 동기(動機)가 필요합니다.

최대 다수의 최대 행복 『정부론 단편』에서 벤담이 제시한 옳고 그름의 판단 기준. 올바른 것, 쾌락과 행복으로 나아가는 행위를 선으로 보고 인생이나 사회의 목적을 행복에 두는 사상을 공리주의라고 한다.

실천이성 선천적으로 갖추어진 도덕에 의해 의지를 규정하는 이성을 말한다. 칸트가 제창했지만 그 기원은 고대 그리스로 거슬러 올라간다. 플라톤이나 아리스토텔레스도 언급한 오래된 철학 논제의 하나다.

벤담

이유 없는 살인이라고요? 그렇게 생각하지 않습니다만…. 물론 칸트 선생님이 말하는 동기가 중요하다는 말도 모르는 것은 아닙니다. 다만 선장 일행이 살아남았다고 해서, 그들이 꼭 소년을 죽이고 싶어서 죽였다고 할 수는 없지 않습니까?

칸트

그건 무슨 뜻인가요?

벤담

사회 전체의 생명이 소중하다고 생각했기 때문에, 세 명이라는 다수의 목숨을 구하기 위해 다른 한 사람의 목숨을 끊었다는 뜻입니다. 생각해보세요. 아무리 동기가 순수했다고 해도 심각한 사태를 초래하고 말았다면, 그것을 선이라고 말할 수 없지 않을까요?

칸트

그건 얼토당토않은 말입니다. 비록 한 사람이라고 해도 소년의 죽음은 틀림없이 심각한 사태지요. 저는 인간 행위와 의지 결정에 관여하는 이성을 **실천이성**이라고 부릅니다. 경험에 의해 '이럴 때는 이렇게 하는 것이 좋다', '이렇게 해야 했다'고 판단하는 것이 아니라 '어떤 경우에도 이렇게 해야만 한다'고 절대적으로 말할 수 있는(**정언명령**), 태어

정언명령 '~하라'라는 형태의, 따로 이유가 붙지 않는 절대적인 명령을 말한다. '만약 ~하다면, ~하라'는 식의 이유가 붙는 '가언명령'과 구별된다.

칸트에 따르면 정언명법에 기초한 실천이성의 명령에 따르는 것이야말로 도덕적 의무다.

날 때부터 지니고 있는 순수한 선의지를 가리키는 것이죠.

실천이성이 어쨌다는 말씀입니까?

인간은 실천이성이 내리는 명령에 따를 의무가 있습니다. 다른 말로 하면 인간은 '내 마음속 도덕법칙'에 따라 살아가야 한다는 말입니다. 이것은 시대를 불문하고 당연한 행위로서 지켜왔던 것입니다.

경험에 기초한 판단이 무의미하다는 말씀입니까?

개인의 경험에 기초한 판단, 즉 경험적 욕망은 **경향성**이라고 불러야 합니다. 습관적이고 감각적인 욕망이라고 말해도 될 테지요. 이러한 경향성을 배제하고 실천이성의 명령에 따르는 것이야말로 우리 인간이 지닌 **의무의 윤리**라고 생각합니다.

그렇지 않아요. 사회 전체의 총합으로서 쾌락을 증대시키

경향성 칸트는 경향성에 기초한 행위의 가치를 인정하지 않는다. 외형적으로는 도덕법칙과 부합한다 해도 이성과 대립하는 것으로 보았다. 예컨대 다른 사람을 도울 때 마음속으로 대가를 바랐다면, 그것은 도덕적으로 선한 행위가 아니다.

의무의 윤리 의무론이라고도 한다. 칸트가 제창한 도덕론의 하나로 행위는 결과를 위해서가 아니라 도덕적 의무 그 자체로 이루어져야 한다는 것이다. 칸트는 도덕적인 행위는 오직 실천이성에 의해 생겨나는 도덕규칙만을 동기로 삼아야 한다고 주장했다.

는 것이 곧 선이기 때문에 최대 다수의 행복을 바란다면 최소의 희생은 당연히 나오게 됩니다. 앞선 미뇨네트 호 사건의 경우처럼 세 명이 살아남기 위해 한 명의 희생을 받아들이는 것도 인간 사회의 모습입니다. 칸트 선생님의 말씀처럼 예외 없이 모든 사람이 행복해지는 사회 따위는 상상도 할 수 없어요.

상상할 수 있는지 없는지는 문제가 아닙니다. 예외 없이 모든 사람이 자율적으로 행동하는 도덕적 주체, 즉 인격으로 취급받는 사회를 저는 **목적의 왕국**이라고 부릅니다. 다수가 살아남기 위한 수단으로서 소수의 희생을 정당화하는 행위를 용납하지 않는 개념이지요. 바로 도덕 원리가 지배하는 사회, 일말의 거짓 없이, 어떤 다른 이유를 갖다 붙이는 일 없이 의무의 도덕이 지배하는 사회입니다. 인간은 의무적으로 이러한 목적의 왕국을 지향해야만 합니다.

마치 옛날이야기에나 나올 법한 사회군요.

목적의 왕국을 지향할 때 예외의 여지를 남겨둔다면 인간은 경향성으로 흘러가버릴 겁니다. 절대적으로 실천이성

목적의 왕국 칸트는 목적의 왕국과 대조적인 세계로 자연을 들면서 인간의 자유가 존재하지 않고 오직 인과율이 지배하는 곳이라고 주장했다. 이와 같은 이상사회론은 국가 간 관계에 적용되어 이후 국제법 제정이나 국제연맹과 같은 국제 평화기구 설립의 원리가 되는 사상으로 자리잡았다.

의 명령을 따르는 것이야말로 인간이 가진 의무입니다.

소크라테스

칸트 군, 그러면 미뇨네트 호 사건 같은 사례에서는 실천 이성의 명령이 어떻게 내려질 수 있겠나?

칸트

'자신이나 동료의 목숨을 구하기 위해서' 같은 조건을 붙이자마자 얼마든지 예외가 발생해버립니다. '살인은 옳은가? 그른가?' 하고 자신의 이성에 물었을 때 무조건 그르다는 대답이 나오면 어떠한 경우에도 반드시 그 답을 지켜야 합니다. 이러한 무조건적인 명령에 대해서 아까 정언명령이라고 설명을 드렸지요.

모리오가이

제가 한마디 거들어도 될는지요? 칸트 선생님이 말씀하신 것처럼 임계 상태에서도 인간의 존엄을 지켜야 한다는 말, 충분히 이해합니다. 그러나 아시는 분도 계실 텐데, 저는 문학자인 동시에 군의관입니다. 제가 놓인 처지에서 안락사에 관한 문제를 제기하고 싶군요.

칸트

안락사라니, 무슨 이야기입니까?

『다카세부네(高瀬舟)』 다카세부네는 하천에서 화물과 여객을 수송하는 바닥이 얕은 배를 뜻한다. 이 작품에서 죄인을 호송하는 관리는 제 아우를 죽인 형의 표정이 밝은 것에 의문을 품고 자세한 사연을 묻는다. 사건의 내막은 형이 자살에 실패해 괴로워하는 아우를 돕기 위해 안락사를 감행한 것이었다. 관리는 고통에서 구제해주려는 행위가 과연 살인이라 할 수 있는지 고민한다.

모리 오가이

소생의 대표작인 『다카세부네』에는 기스케라는 인물이 등장합니다. 그의 아우는 병으로 인한 고통 때문에 면도칼로 자살하려고 했지만 실패하죠. 결국 아우는 형에게 자신을 죽여달라고 부탁합니다. 형 기스케는 아우의 청을 받아들여 동생을 죽이고 벌을 받습니다. 일종의 안락사라고 할 만한 이 살인은 과연 정당할까요? 아니면 부당할까요? 속 시원한 대답이 있는 것은 아닙니다. 저는 그저 털어낼 수 없는 괴로움에 부대끼면서 이런 이야기를 만들어보았습니다.

칸트

그건 잘못입니다. 만약 그런 예외를 인정한다면, 많은 이들이 가족의 목숨을 가벼이 여기게 되지 않겠습니까? 나아가 인류 전체가 일정한 조건만 갖춰지면, 남의 생명을 빼앗는 것을 당연하게 인정해버릴지도 모릅니다. 그렇게 되면 살인이 악이라는 실천이성은 무효가 될 테죠. 어떤 경우에도 희생당하는 존재가 있어서는 안 됩니다.

이것만은 꼭 알아두자!

존엄사, 안락사 문제

인간으로서 존엄을 지킬 수 있도록 치료를 중단함으로써 자연스럽게 죽음으로 이끄는 것을 존엄사 또는 소극적 안락사라고 한다. 반면 투약 등으로 죽음을 앞당기는 행위를 안락사 또는 적극적 안락사라고 한다. 오늘날에는 인간으로서 삶의 질을 고려해 말기 환자의 연명 치료 중단(존엄사)을 합법화하려는 움직임이 있다. 그러나 경제적 또는 주위의 압력과 같은 이유로 환자가 연명을 포기하는 사태, 즉 사회적 약자의 생존권이 위협받는 경우가 있을 수도 있다는 반대 의견도 나오고 있다.

모리 오가이

과연 듣던 대로 고지식하기 짝이 없는 외골수시군요. 그러나 소생은 희생이 무엇인가에 대해 좀 더 깊이 생각해야 한다고 말씀드리고 싶습니다. 인간은 떨쳐낼 수 없는 고민 속에서 살아가지요. 그런 전제 위에서 기스케의 아우가 시달리던 병고를 생각해야 합니다. 살아가는 것이 얼마나 고통스러웠으면 그런 결정을 내렸을까요? 다시 말씀드리지만 제게 답이 있는 것은 아닙니다. 저 역시 괴로움에 몸부림칠 따름이죠.

루소

이야기를 들으니 안락사가 곧 상대를 배려해주는 살인이라는 말이군. 하지만 나는 조금 다른 입장에서 논의에 참가하고 싶네. 바로 인간은 자기보존(自己保存)을 지향하는 생물이라는 것이 내 생각이야. 본래 인간은 자신의 생존을 위해 다양한 곤란을 극복해야 하지. 그러기 위한 배려가 바로 자기애일세. 누구나 자기 목숨은 소중하고 그것을 지키려고 하지 않나? 자기애를 통해 자기보존을 이루려고

인간에게는 자기애만 있는 것이 아니다!

루소는 행동의 원리가 자기애와 연민이라고 주장한다. 자기애는 행복을 추구하는 자기보존의 욕구이고, 연민은 타자의 고통에 자연스레 반감을 갖는 것이다. 루소는 자연적인 감정인 연민이 모든 사회적 미덕의 원천이라고 주장했다.

하는 것이지.

모리 오가이

인간의 행동 원리가 자기애뿐이라는 말씀인지요?

루소

아닐세. 만약 그렇다면 이 사회는 벌써 다툼으로 전부 없어졌겠지. 인간은 자기애와 자기보존을 기본으로 삼으면서도 타자의 희생을 최소한으로 줄이려 행동한다네. 그것은 타자를 향한 자기애라고도 할 수 있겠지. 나는 이것을 타인에 대한 배려, 즉 '연민'이라고 생각하네.

모리 오가이

연민이라…. 제가 논의한 안락사의 배경에 놓여 있는 것도 연민일지 모르겠습니다. 저는 늘 생각하지요. 언제나 현실 사회 속에서 자신을 관철만 할 것이 아니라 자신이 놓여 있는 입장을 받아들이려는 삶의 방식, 즉 **체념**을 자각해야 한다고 말입니다. 모두가 자기주장만 해서는 세상이 존립하지 못할 테니까요.

벤담

이쯤에서 공리주의 개념에 대해 좀 더 보충해두는 것이 좋겠습니다. 공리주의란 결코 개인의 쾌락을 최대화하자는 개념이 아닙니다. 어디까지나 사회적 쾌락의 증대를 꾀하

체념(resignation) 체념은 모리 오가이의 작품에 종종 나오는 개념으로 자기 주장을 내세우기보다는 현실적인 상황이나 사회적인 입장을 받아들이는 태도를 가리킨다. 『다카세부네』에는 현실을 받아들이고 사회에 대응하면서도 자기 자신을 잃지 않는 인간의 모습이 그려져 있다.

는 것이지요. 사회는 다수의 개인으로 구성되어 있기 때문에 개개인의 행복의 총합이 최대치에 이를 때, 비로소 사회 전체의 행복이 실현될 수 있습니다.

그러기 위해서 소수의 희생은 받아들여야 한다는 말이 아닌가?

그렇습니다. 최대 다수의 최대 행복을 위해서는 불가피하게 희생을 감수해야 하는 지점이 있을 수밖에 없다고 생각합니다. 선생이 말한 것처럼 두 명 정도의 인간 사이에는 자기애나 자기보존만 존재할지 모르겠지만, 사회적 존재로서 인간은 사회적 이익과 집단의 이익 증대를 생각해야만 합니다.

음. 인간이 타인을 배려한다는 말은 자네가 말하는 사회적 이익의 증대 같은 획일적 이념보다 우리에게 더 가까운 개념이지 않을까?

예를 들면요?

인간에게는 연민이 있지. 그것을 인정한다면 누군가의 희생을 전제로 두고 생각하는 일은 있을 수 없어. 미뇨네트호의 사례에서처럼 다수를 위해 한 소년의 목숨을 모른 척하는 일 따위는 일어날 수 없다는 말이지. 어쩔 수 없는 희생이라는 말로 한 사람의 생명을 경시하는 일은 결코 용서될 수 없네.

경시하다니요? 그런 뜻이 아닙니다. 희생이 사회적 이익의 증대에 기여한다면, 나아가 그로 인해 사회 전체적으로 **고통의 정도**가 감소한다면 받아들일 수밖에 없다고 이야기하는 것입니다.

벤담

그래? 정말 그런가? 사회적 이익의 증대가 아니라 단지 이기심에 지배당해 자신이 살아남는 일만 생각했던 것은 아니겠지?

루소

저도 루소 선배님 의견에 동감합니다. 그들은 그저 자신의 경험적 욕망인 경향성에 패배해 소년을 살해했던 것뿐입니다. 우리는 결코 자신의 경향성에 져서는 안 됩니다. 만약 인간이 생물의 본성대로만 살아간다면 동물과 다를 바 없는 게 아닐까요? 경향성에 사로잡혀 실천이성의 명령에 따르지 않는다면 부도덕하다는 비난을 피할 수 없을 것입니다.

칸트

고통의 정도 벤담의 공리주의 사상은 사회 전체의 쾌락 증대에 관심을 기울였을 뿐 아니라 사회 전체의 고통과 공포의 감소라는 결과에도 시선을 돌렸다.

벤담

글쎄요, 칸트 선생님은 아무리 줄기차게 주장을 펼치신다고 해도 결국 이상적인 도덕의 영역을 벗어날 수 없을 것 같군요.

칸트

섭섭한 말씀! 절대 그렇지 않습니다. 지극히 현실적인 이야기입니다. 오직 실천이성의 도덕 명령에 따름으로써, 다시 말해 스스로의 규칙에 구속당함으로써 인간은 비로소 **자유**로워질 수 있습니다. 안이함을 배제하고 늘 자율적으로 의무에 따르는 것이야말로 인간이 누릴 수 있는 자유입니다.

소크라테스

자, 진정들 하게. 다들 수고했네. 벌써 슬슬 마쳐야 할 시간이군. 한마디로 살인이라고 해도 놓여 있는 상황이나 동기, 방법 그리고 누구를 어떤 목적으로 죽였느냐 같은 관계성을 생각할 필요가 있었네.

벤담의 '사회적 이익', 칸트의 '생명을 지킬 의무', 모리 오가이의 '몸부림치는 갈등' 그리고 루소의 '연민'은 다 설득력이 있네. 각각 다른 주장처럼 보여도 실은 자신만 생각하는 것은 아니었어. 요트의 승무원들도 결코 자기 이익만 생각해서 멋대로 살인을 저지른 것은 아닐 테지.

자유 칸트가 생각하는 '자유'는 오늘날 일반적으로 쓰이는 자유와는 다른 개념이다. 칸트는 인간이 스스로의 의지(자율)에 따라 실천이성에 기초한 도덕법칙에 따르는 것이야말로 자율로서의 자유라고 여겼다.

　　그래, 지금까지 살펴본 점을 고려한다면 인간은 혼자서
는 살아갈 수 없다는 기본으로 돌아가 음미를 계속해야 하
겠군.

토론자들의 주장 정리

❶ 사회 전체의 행복을 위해서라면 살인도 인정할 수 있다. (벤담)
❷ 안락사처럼 살인이 인정받을 수 있는 상황도 생각해야 한다. (모리 오가이)
❸ 인간의 선천적인 의무라는 관점에서 볼 때 살인은 인정할 수 없다. (칸트)
❹ 인간이 지닌 연민으로 볼 때 살인은 인정할 수 없다. (루소)

ROUND 03

엄격한 판결에 어떤 사회적 의미가 있을까?

전 세계적으로 증가하고 있는 소년 범죄에 대한 대응은 사회적으로 커다란 논쟁을 불러일으키고 있다. 범죄를 예방하기 위해서는 어떻게 하면 좋을까? 엄격하게 제재를 가하는 것은 사회에 이로울까? 법과 형벌의 본질적 의미를 철학적으로 검토해보자.

엄벌에 반대!

존 스튜어트 밀
John Stuart Mill

출신 / 영국
생몰년 / 1806년~1873년
입버릇 / 양보다 질!

19세기 중반에 활약한 사회·경제사상가. 부친인 제임스 밀은 저명한 철학자이자 역사가다. 벤담이 제창하고 부친 제임스 밀이 지지한 양적 공리주의에 '질'이라는 독자적인 관점을 부여함으로써 질적 공리주의로 발전시켰다.

만족한 돼지가 되느니
불만족스러운 인간이 되겠다

공자
孔子

출신 / 중국
생몰년 / 기원전 551년 무렵~기원전 479년
필살기 / 인(사랑)과 예(규범)

주나라 붕괴 후 강대한 통일 왕조가 세워지지 않고 여러 제후가 세력을 다투던 춘추시대에 활약한 사상가. 실력주의가 통용되던 당시, 규율 있는 사회와 철학 있는 정치를 추구하는 활동을 펼쳤다. 수많은 제자가 그의 사상을 정리해 유학이 성립했다.

동아시아에 큰 영향을 끼친
유학의 창시자

소년 범죄, 엄벌로 다스려야 할까?

호되고 엄하게!

제레미 벤담
Jeremy Bentham

미스터 공리주의

출신 / 영국
생몰년 / 1748년~1832년
좌우명 / 최대 다수의 최대 행복

공리주의를 창시한 영국의 철학·법학·경제학자. 『정부론 단편』 등에서 제시한 '최대 다수의 최대 행복'이라는 말로 널리 알려졌다. 법학을 전공했지만 법조계가 아닌 저술 분야에서 성공을 거두었다.

아리스토텔레스
Aristoteles

'모든 학문의 아버지'로 불리는 지성사의 거인

출신 / 그리스
생몰년 / 기원전 384년~기원전 322년
좌우명 / 중용

플라톤의 가르침을 받은 뒤 독자적으로 현실주의 사상을 주장했다. 생물, 정치 등 광범위한 대상을 연구했으며, 이들을 전부 필로소피아('철학'의 어원으로 지혜에 대한 사랑을 뜻한다)라고 일컬었다. 광범위한 연구 분야로 '모든 학문의 아버지'라고 불리며, 마케도니아 왕의 요청으로 소년 시절의 알렉산드로스 대왕을 가르치기도 했다.

소크라테스

이번에는 소년 범죄에 대처하기 위해 제정한 **소년법** 문제를 토론해보겠네. 최근 십대들이 저지르는 흉악 범죄에 관한 보도가 TV나 신문에 연일 나오고 있지 않은가. 실제로는 십대들의 범죄가 예전에 비해 늘지는 않았다는 데이터도 있는 듯하지만, 최근 소년 범죄가 화제에 오르는 일이 늘어난 것은 틀림없는 것 같아. 이러한 범죄를 막기 위한 방법으로 제일 먼저 손꼽을 수 있는 것이 바로 소년법을 엄하게 집행하는 것이라 할 수 있겠지. 과연 이런 식의 엄벌은 올바른 것인가? 아니면 틀린 것인가? 우선 아리스토텔레스 군부터 이야기를 시작해보게. 어찌 생각하나?

아리스토텔레스

저는 엄벌에 찬성합니다. 우선 정의에는 배분적 정의와 시정적 정의가 있지요. 배분적 정의란 그 사람의 능력이나 업적에 걸맞게 재산과 명예를 배분하는 정의입니다. 반면 **시정적 정의**란 사회의 왜곡이나 부정을 형벌이나 손해 배상 등의 방법으로 조정하는 정의이고요.

소크라테스

흠, 그러면 재판이나 형벌은 시정적 정의를 실현하는 것이겠군.

소년법 미성년 범죄자를 성인과 다르게 처분을 내리는 법률을 말한다. 미성년자의 장래와 보호 및 교화를 위해 제정한 것인데, 보통 가정법원의 심리나 형기의 상한선 등을 규정하고 있다.

시정적 정의 개인들 각각의 이익과 손해, 득실을 평등하게 조정하는 것을 말한다. 예를 들어 손해를 끼쳤다면 배상을 하고, 상처를 입혔으면 벌을 받는 등의 배상과 형벌이 여기 해당된다. 아리스토텔레스가 말하는 '부분적 정의'의 하나다.(1라운드 26쪽 참조)

아리스토텔레스

그렇습니다, 선생님. 예를 들어 사과를 두 개 훔친 범인에게 가해지는 형벌이 고작 사과 한 개를 돌려주라는 식이라면 올바르지 않습니다. 범죄를 저지른 사람의 연령이나 인격을 불문하고, 그가 손해를 입힌 것 이상으로 손해를 안겨주어야 마땅히 형벌이라고 하겠지요. 그러므로 소년이든 성인이든 얼마나 무거운 죄를 저질렀느냐에 따라 형벌을 적용해야 합니다.

벤담

아리스토텔레스 선생님의 의견에 찬성합니다. 인간은 쾌락과 고통에 지배당하는데, 자신의 쾌락밖에 추구하지 않는다면 사회 전체를 생각하게끔 제재할 필요가 있지요. 제재란 고통을 안겨주는 것을 말합니다. 사회가 개인에게 가하는 제재는, 개인이 사회에 안겨준 고통보다 더 큰 고통이어야 합니다.

밀

잠깐만요, 그건 아니지요. 벤담 선생님은 제가 가르침을 받을 때에도 외적 손해와 득실밖에 문제 삼지 않으셨어요. 그래서 재판도 법률에 의한 재판 같은 **외적 제재**밖에 생각 못하시는 거고요.

외적 제재와 내적 제재　벤담은 외적 제재의 종류로 자연적 제재(폭음, 폭식으로 몸 상태를 망가뜨리는 것 등), 법률적 제재(사회적 형벌 등), 도덕적 제재(타인의 비난 등), 종교적 제재(신이 내리는 벌에 대한 두려움 등)의 네 가지 제재를 들었다. 이렇듯 외부로부터 개인에게 가해지는 압력을 외적 제재라고 한다. 한편 밀은 개인이 비도덕적인 행동을 했을 때 느끼게 되는 내면적 양심의 가책을 내적 제재라고 했으며, 이를 외적 제재보다 중시했다.

이것 보게, 밀 군. 자네, 이제 스승한테 또박또박 잘도 따지게 됐군! 대체 외적 제재의 어떤 지점이 잘못되었단 말인가?

저는 내적인 제재야말로 진정한 제재의 의미를 띠고 있다고 생각합니다. 고통에도 여러 가지가 있지 않습니까? 인간으로서 해야 할 일을 하지 않았을 때 느끼는 고통, 즉 양심의 가책이야말로 진정한 제재입니다. 만약 자기 여자 친구에게 거짓말을 했다고 가정해보죠. 과연 어떤 제재가 적당할까요? 벌금은 아닐 거예요. 상처 입은 여자 친구를 계속 떠올리면서 양심의 가책에 시달리는 것이야말로 받아 마땅한 제재일 것입니다.

너무 순진한 생각이야. 그 상황에서 남자가 상처 입은 여자 친구를 계속 생각할 것이라 여긴다면 대단한 착각일세. 만약 그렇게 하지 않는 사람은 어떻게 해야 하지? 양심 없는 사람은 전혀 제재를 못하게 되지 않나?

오호, 어쩐지 스승과 제자의 대결처럼 되어버렸군. 그럼 여

무지의 지 자신의 무지를 자각하는 것이 앎을 추구하는 출발점이라고 생각한 소크라테스의 사상. '인간 중에 소크라테스를 넘어서는 현자는 없다'는 델포이의 신탁을 받았을 때, 스스로 무지하다고 여겼던 소크라테스는 신탁의 숨은 뜻을 고민한다. 그리고 마침내 참된 지자(知者)는 '신'뿐이며, 인간은 자신의 무지를 자각함으로써 끊임없이 앎을 추구할 뿐이라는 깨달음을 얻는다. 즉, 이러한 '무지의 지'를 자각한 사람이 오직 소크라테스뿐이었기에 '현자'라는 신탁을 받았다는 것이다.

기에서 일단 **무지의 지**를 적용해보면 어떨까? 우리는 사실 형벌이 무엇인지 알지 못하고 있어. 형벌이란 도대체 무엇인가?

아리스토텔레스

선생님, 그건 간단합니다. 사회의 이해관계와 득실을 조정하는 원리지요. 아까 시정적 정의라는 말을 했습니다만, **인간은 사회적 동물**로서 오직 사회 안에서만 살아갈 수 있습니다. 따라서 형벌이라는 방법으로 사회를 조정하고 정의를 실현해야 합니다.

벤담

기본적으로는 저도 그렇게 생각합니다. 하지만 제 생각에 인간의 쾌락이나 행복을 양적으로 계산할 수 있어요. **쾌락의 계산**이 가능하다는 말입니다. 사회 전체의 쾌락과 만족을 증대시키려고 한다면, 즉 사회 구성원 전체의 공통된 의견으로서 행복을 추구한다면, 사회질서를 유지하기 위한 형벌은 꼭 필요합니다.

밀

잠깐 실례할게요. 아리스토텔레스 선생님도 그렇고 벤담 선생님도 그렇고, 질적인 것에 관한 논의도 좀 하시죠. 벤

인간은 사회적 동물 아리스토텔레스는 인간의 정의를 폴리스적 동물(1라운드 26쪽 참조)이라고 했다. 사회적 동물 중 언어를 갖고 있고, 그 언어에 의해 선악의 지각까지 가능한 동물이 바로 인간이라는 것이다.

쾌락의 계산 모든 인간을 평등하다고 생각하고, 그 쾌락과 고통을 계산하는 벤담의 사상이다. 감각의 쾌락과 부의 쾌락 등 단순한 쾌락, 결핍의 고통과 감각의 고통 등 단순한 고통을 서로 계산해 사회 전체의 행복을 산출한다.

담 선생님은 쾌락을 계산할 수 있다고 하셨는데, 술을 마음껏 마시는 쾌락과 독서로 지성을 쌓는 쾌락은 결코 동일하다고 할 수 없잖습니까? 저는 벤담 선생님으로부터 공리주의를 배웠습니다만, 선생님과는 달리 질적 공리주의가 필요하다고 생각합니다. 다시 말해 **만족한 돼지가 되느니 불만족한 소크라테스가 되겠다**는 말입니다.

음? 어째 좀 이상한데? 방금 내가 칭찬받은 것, 맞나?

맞습니다, 소크라테스 선생님. 아까 저는 양심의 가책이라는 내적 제재가 사회의 질서 유지를 위해 중요하다고 말씀드렸지요. 바꿔 말하면 형벌이란 죄를 저지른 인간이 스스로 반성하고 사회적으로 **교화**해나가는 것입니다.

범죄자의 교화를 위한 것이 형벌이라고 말하고 싶은 게로군.

네, 그렇습니다. 외적인 고통으로 공포심을 불러일으켜 재범을 막겠다는 것은 불완전한 형벌이라는 말입니다. 두 분

만족한 돼지가 되느니 불만족한 소크라테스가 되겠다 밀의 책 『공리주의』에는 이렇게 쓰여 있다. "만족한 돼지가 되느니 불만족한 인간이 되겠다. 또 만족한 바보가 되느니 불만족한 소크라테스가 되겠다."

교화(敎化) 좋은 방향으로 나아갈 수 있도록 잘 가르치고 이끄는 것을 일컫는다.

다 범죄자의 교화라는 의미를 좀 생각해보시지요.

소크라테스

결국 사회질서를 유지하기 위해서는 범법 행위를 제재할 방법을 마련할 필요가 있다는 점에는 다들 의견이 일치하고 있는 것 같군. 다만 아리스토텔레스와 벤담은 형벌을 곧 고통을 통한 공포로 여겨 억제 효과를 기대하고 있고, 밀은 범죄자 교화에 대한 측면을 생각하고 있는 것 같고….

밀

그런 셈입니다.

소크라테스

퍽 어려운 논의로군. 쉽게 결론이 나오지는 않겠어. 그렇다면 참고인을 좀 불러볼까? 소년원에 수감된 경험이 있는 청년이 지금 와 있거든. 자, 자네 이야기를 좀 들려주게나.

참고인

선생님들의 말씀은 잘 들었어요. 저는 중학생 때 절도를 일삼다가 소년원에 들어갔습니다. 우리 집은 엄마와 여동

양적 공리주의와 질적 공리주의

양적 공리주의는 벤담이 제창한 기준에 따라 쾌락을 계량화함으로써 쾌락의 양적 증가를 이루고자 한다. 이와 반대로 밀은 쾌락의 질적 구분을 주장한다. 인간은 고차원적인 쾌락을 알기 때문에 저차원적인 쾌락을 선택하는 일은 생각할 수 없다. 즉 "인간이 정말 행복을 느끼는 것은 돼지처럼 밥을 먹고 잠을 자고 있을 때가 아니라, 자신이 지닌 높은 잠재력을 현실에 발현할 때"라고 말한다.

생 두 명, 이렇게 네 식구예요. 아빠는 없고 엄마가 일을 하셨는데 파트타임이라 안정적이지 못했어요.

말하자면 가난한 한부모 가정이었군.

어느 날 컵라면 하나를 세 남매가 나누어 먹은 적이 있는데, 그 후 사흘 동안 먹을 것이 아무것도 없었어요. 게다가 수도까지 끊겨서 공원에 페트병을 들고 가서 물을 떠다 마신 일도 있었죠.

그래서 도둑질을 했구만….

엄마가 병에 걸렸거든요. 그래서 어쩔 수 없이 먹을 것을 훔쳤어요.

주변에 도와줄 다른 어른은 없었나? 친척이나 학교 선생님 같은….

학교에는 가지도 못했고요. 연락이 닿는 친척이나 의논할 만한 사람도 없고…. 걸핏하면 물건을 훔치는 사이에, 급기야 그런 생활이 당연한 것처럼 되어버렸어요.

그래서 지금은 어떻게 지내고 있는가?

참고인

소년원에서 나와 지금은 자동차 부품 공장에서 일하고 있어요. 면접 때 과거 사정을 이야기했더니 사장님이 일단 일을 해보라고 하시더라고요. 운 좋게 비정규직이 아니라 정규직 사원으로 일하고 있습니다.

소크라테스

그런가! 성실하게 살고 있군! 자네는 어떻게 교화될 수 있었다고 생각하나?

빈곤과 교육격차

유년기 아이의 보호자가 경제적 빈곤 상태에 있는 것을 '아동 빈곤'이라고 부른다. 일본에서는 약 6명의 아동 중 1명이 여기에 해당한다(아동의 상대적 빈곤율=16.3%, 2014년 일본 후생노동성 조사). 이런 환경에서는 학교 외에는 학습 기회를 얻기 어려워 학력의 상대적 저하가 일어나고, 진학률 등에서 교육격차가 발생하기 쉽다. 아래 그래프에 나타난 도쿄대학교 조사와 같이 연봉 1,000

만 엔이 넘는 보호자의 고등학생 자녀 중 62.4%가 4년제 대학에 진학하는 반면, 연봉 300만 엔 이하 가정의 고등학생 자녀는 그 절반 정도인 31.4%만 대학에 진학하고 있다. 빈곤층 자녀는 유년기의 경제적 환경 때문에 성인이 된 후에도 경제적 빈곤에 빠지기 쉽고, 그 가정에서 태어난 아이는 또 다시 아동 빈곤 상태에 놓이는 빈곤의 세대적 연쇄가 발생하고 있다.

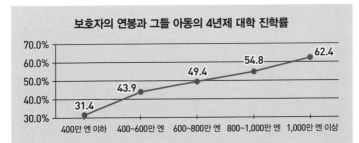

▲ 도쿄대학교 대학원 교육학연구과 대학 경영·정책 연구 센터, 『고등학생의 진로와 부모의 연봉 사이의 관련에 대해』(2009년 7월 31일)에서

참고인

그거야 뭐, 사장님을 비롯해 회사 어른들 덕분이지요. 소년원에 있었을 때 훌륭한 성인들에 관한 이야기나 종교의 가르침을 들은 것도 꽤 도움이 된 것 같아요. 나 하나만 잘되자고 다른 사람을 희생시켜서는 안 된다든가, 이웃을 사랑하라든가, 자비심에 대해서도 알게 되었죠.

소크라테스

음, 잘 알겠네. 자네 이야기가 논의에 큰 도움이 되었네. 그러면 여기서 문제를 하나 내지. 아까 하던 논의로 돌아가서, 소년과 성인에게 형벌을 똑같이 적용해야 할까? 아니면 달리 적용해야 할까? 어떤가?

아리스토텔레스

네, 평등하게 적용해야 합니다. 참고인으로 나온 소년의 사정은 확실히 동정할 만한 점이 있어요. 그러나 사회의 법을 지키는 일은 사회에서 살아가는 데 지켜져야 할 최소한의 정의입니다. 참고인 소년의 경우처럼 누구나 동정을 받을 만하다고는 볼 수 없습니다. 누구나 교화된다는 법도 없고요.

벤담

그럼요, 맞는 말씀입니다. 사회에서는 항상 다수의 인간이 행복해져야 합니다. 양적 공리주의는 그런 사고방식이지요. 이를테면 한 소년에게 제재를 가함으로써 99명이 행복해진다면 그 소년은 형벌을 받아야 합니다. 그것이 최대 다수의 최대 행복입니다.

아니, 만약 그 제재가 사형처럼 극단적인 것이어도 말입니까? 성인과 소년은 명확하게 구별해야죠. 소년에겐 스스로 경제활동을 할 수 있는 능력이 없습니다. 교육도 충분히 받지 못한 상태고요. 참고인처럼 아직 어린 소년이라면 태어나 자란 환경 같은 사회적 배경이나 주위 어른들의 영향을 강하게 받을 수밖에 없잖아요.

뭐, 그야 그렇지만….

소년의 교화를 우선적으로 생각한다면 소년이 자란 생활 환경을 충분히 배려해서 교화의 기회를 주어야 합니다. 어른과 똑같이 형벌에 처한다면 그 기회를 잃어버릴 테니까요.

그렇지만 밀 군, 저지른 죄가 무겁다는 점에서는 어른이나 소년이나 다를 바 없지 않은가?

흠, 그렇기도 하겠군. 자, 그러면 이쯤해서 피해를 입은 사람들 입장에서 생각해보면 어떨까? 피해자는 범죄를 저지른 소년이 소년법에 의해 보호받는 것을 수긍할 것 같은가?

글쎄요. 인간은 고통과 쾌락에 지배당한다는 점에서는 평등합니다. 상품을 도둑맞은 가게 주인은 고통을 당하겠지요. 더구나 상품도 아니고 사람을 해친 사건이라면 피해 회복도 어렵습니다. 피해자가 되살아올 리 없으니 피해자는 계속 피해를 입은 상태에 놓이겠지요. 사회는 그의 사회적 불이익을 덜어주어야 합니다.

벤담 선생님! 방금 사회적 불이익이라는 말씀을 하셨는데, 만약 범죄자인 소년이 교화될 수 있다면 재범은 다시 일어나지 않을 겁니다. 이것이야말로 진정한 사회적 이익이 아닌가요? 참고인 소년도 말하지 않았습니까? 훌륭한 성인들의 이야기를 들었던 것이 자신을 교화의 길로 이끌어주었다고요!

이봐, 그러니까 내 말은 그런 일을 만인에게 다 적용할 수는 없다는 것 아닌가? 물론 종교를 믿는 사람들에게는 파문 같은 종교적 제재도 있을 수 있겠지만, 그것이 만병통치약은 아니지.

그렇다면 만능통치약 같은 처벌은 있을 수 있다는 말씀입니까?

한비자(韓非子) 한비는 중국 전국시대 말기의 법가 사상가로 순자의 가르침을 받은 후 법가 이론을 집대성했다. 동문수학한 이사의 모함으로 죽임을 당했으나, 그의 사상은 진시황에게 큰 영향을 주었다.

이사(李斯) 중국 전국시대 말기의 사상가이자 정치가. 한비와 함께 순자 문하에서 가르침을 받았다. 진 제국의 법치주의 기반을 확립하는 데 기여했으나, 시황제 사후 조고에게 살해되었다.

그게 바로 법률 아닌가? 법률이야말로 최대 다수의 최대 행복을 약속해주지. 법률적 제재를 가하는 것이 사회에 행복을 가져다주니까 말이야.

내적 제재가 아니라 어디까지나 법에 의한 외적 제재가 필요하다는 말씀이시죠?

내 참, 그렇다니까.

잠깐 멈추시게! 애당초 법이란 무엇인가? 고대 전국시대 중국에는 '법가'라는 학파가 있었네. **한비자**나 **이사** 같은 학자가 유명했지. 그들은 법을 단순한 규칙이 아니라 형벌이라고 생각했어. 이것을 법치주의라고 하네. 성악설을 주장한 순자가 이 사상에 영향을 주었지. 위정자가 상벌이나 형벌로 통치하는 신상필벌(信賞必罰)을 중시하는 사고방식이라네.

유학의 영향력

공자의 사상을 제자들이 정리한 것을 유학(儒學)이라고 한다. 기원전 2세기부터 20세기에 이르기까지 중국을 포함한 동아시아 전 근대 왕조들이 정통으로 삼는 가르침이 되었으며, 오늘날에도 동아시아 전역에서 관습적으로 강한 영향력을 미치고 있다.

공자 선생님, 그렇군요. 제 생각과 통하는 점이 있는 것 같습니다만.

그렇지만 내 의견은 달라. 난 인간이 덕을 발휘하기 위해서는 우선 위정자 스스로가 수양을 쌓아야 한다고 생각하네. '수기(修己)'가 바로 그것이지. 수기를 실행한 위정자가 사람들을 감화시켜 나라를 다스려야 하네. 즉 '수기치인(修己治人)'이어야 한단 말이네. 그러기 위해서는 먼저 수양을 통해 덕을 쌓는 것을 그 어떤 것보다도 우선으로 여겨야해. 한마디로 **덕치주의**가 이루어져야 하지! 나라를 다스리는 자가 훌륭하지 못하면 사람들은 그를 믿고 따르지 않을 테니까.

저, 그런데 덕치주의와 소년법은 무슨 관계가 있습니까?

좋은 질문일세. 그러니까 죄를 범한 소년에게 벌을 주기 전에 벌을 주어야 할 윗사람들이 있다는 말일세. 세상이 어지러운 것은 내면적인 상하질서인 '**인**'이 어지럽혀졌다는 말이니까. 범죄를 저지른 소년에게도 길러준 부모가 있고, 그 부모에게도 부모가 있지 않겠나? 가족의 인이 흐트러지면 천하도, 사회도 저절로 흐트러지지. 우선은 가족 안에서 인을 확립하고 나서 천하로 골고루 퍼뜨려나가야 할걸세.

소크라테스

공자 선생, 그렇다면 덕치주의와 위정자는 어떤 관계가 있 겠습니까?

공자

인을 세상에 널리 퍼뜨리기 위해, 사람들을 도덕적으로 감 화시켜 통치하는 것이 위정자가 해야 할 역할 아닌가? 그 러나 한번 둘러보게, 오늘날 위정자들은 어떤가? 위정자 본인의 도덕적인 수양이야말로 사회의 안정을 기하는 것 이거늘….

사람들은 덕이 있는 위정자의 모습을 보고 감동하면서 자신의 덕을 발휘하는 법이야. 사회나 일상생활에서도 마 찬가지고. 회사에서 부하는 상사의 모습을 보고 성장하는 법이네. 동아리에서도 후배는 선배들의 모습을 보고 커나 가는 법 아닌가? 학교는 어떤가? 교사의 모습을 본받아야 학생은 성장하네. 물론 가족도 예외는 아니야. 자식은 부모 의 모습을 보고 배우면서 자라지. 윗사람이 도덕적이지 않 으니까 아랫사람이 쑥쑥 크지를 못하는 것일세. 건전한 상 하질서인 인이 길러지지 않는 것이지. 이러한 점을 잘 새 겨야 하네. 죄를 저지른 소년만 책망해서는 결코 안 돼. 그 래서는 아무런 해결도 되지 않네.

덕치주의(德治主義) 공자의 정치론에 기초한 유 가 사상의 정치적 덕목이다. 덕이 높은 위정자가 도 덕으로 사람들을 감화시키는 정치를 말한다. 그러 나 공자 이후에는 법가 사상이 힘을 얻었으며, 특히 순자가 말하는 예는 법가 사상에 큰 영향을 주었다.

인(仁) 공자를 비롯한 유가 사상가들이 최고의 덕목 중 하나로 주장한 것. 남을 배려하거나 자비 를 베푸는 마음 등 내면적인 질서를 가리킨다. 인간 관계를 비롯해 정치적으로나 사회적으로 중시되는 유가의 윤리적 기초를 이루는 덕목이다.

소크라테스

공자 선생께서 토론에 나서주신 덕분에 분위기가 훨씬 달아오른 것 같습니다. 법률적 제재인가, 내면적인 제재인가? 사회 전체 행복의 양인가 질인가? 이렇게 논점이 압축되었군요.

아리스토텔레스

그렇군요. 이제까지 이 세계를 있는 그대로 보고 사회적 손해가 생기면 형벌로만 조정하면 된다고 명쾌하게 생각하고 있었습니다. 그런데 이렇게 고대와 근대의 철학자들이 한자리에 모여 이야기를 해보니 또 다른 생각의 지평이 펼쳐지는군요.

밀

그렇습니다. 만약 제가 시대를 조금만 앞서 태어났더라면…. 참, 아리스토텔레스 선생님! 선생님께서는 군주제든 귀족제든 민주제든 상관없이 반드시 부패에 빠지기 마련이고, 그 결과 혁명이 일어난다고 『정치론』이라는 책에 쓰셨잖아요? 그런데 말입니다, 17세기에 절대왕정에 반발한

이것만은 꼭 알아두자!

디스토피아(dystopia)

이상향을 가리키는 유토피아(utopia)와 정반대 사회를 뜻한다. 1868년 존 스튜어트 밀의 의회 연설에서 처음 등장한 단어로 알려져 있다. 오래전부터 종종 SF소설에서 문학적 소재로 쓰였고, 가장 대표적인 문학 작품으로는 1932년 올더스 헉슬리의 『멋진 신세계』가 있다. 오늘날에는 영화에서 자주 등장하는 친근한 소재다. 철학적으로 논의해온 이상향과 쌍을 이루고 있는 만큼, 전체를 위해 개인의 권리나 자유를 제한하는 전제적 세계관을 가리킨다. 20세기에는 파시즘이나 전체주의적 분위기와 연관되기도 했다.

사람들이 선생님의 예언대로 혁명을 일으켰습니다.

아리스토텔레스

(무뚝뚝하게)뭐 당연한 일 가지고….

밀

그 혁명 덕분에 많은 사람들이 선거권을 얻었습니다. 그런데 다른 문제가 발생했지요. 새로운 폭군이라 할 다수파시민의 지배, 즉 '다수파의 전제(專制)'라는 위험 요소가 생겨났거든요. 선생님께서는 혹시 디스토피아라는 말을 들어보신 적 있습니까?

아리스토텔레스

음? 디스…토피아?

밀

네, 이상적 사회를 가리키는 유토피아의 반대말이죠. 다수를 차지하는 의견에 항상 사회적 소수자가 복종해야 하는 사회입니다. 디스토피아는 전체를 위한다는 명목 아래 늘

교화주의와 엄벌주의

사형 제도도 없고 쾌적한 형무소 시설로 유명한 스웨덴에서는 교화를 중시하는 덕분에 재범률이 낮다. 일본의 소년법은 이제까지 교화를 중시해왔지만 최근에는 엄벌로 기울어지는 개정을 시도하고 있다. 일본에서는 2000년 형사 처분의 대상 연령이 만 16세 이상에서 만 14세 이상으로 낮아졌고, 2007

년에는 소년원에 송치하는 나이의 하한선도 대체로 '만 12세 이상'으로 끌어내려졌다. 우리나라 역시 만 14세 미만의 청소년은 형사처벌을 받지 않으며, 대신 만 10세 이상 만 14세 미만의 비행 청소년은 소년원에 보내지거나 보호관찰을 받을 수 있다.

개인의 희생을 꺼리지 않는 사회입니다. 저는 개성이 억압당하는 악몽 같은 사회, 다시 말해 디스토피아가 다가오리라고 예견하고 경계했습니다. 그런데 유감스럽게도 제 예견이 들어맞았죠. 얼핏 듣자니 1930년대 독일에서 나치를 이끌던 히틀러가 이러한 디스토피아를 만들었다고 하더군요. 그 자는 선거로 다수파를 형성해 개인의 자유와 권리를 제한했답니다. 바로 파시즘(fascism, 전체주의)이지요. 이렇게 개인의 다양성은 합법적으로 형성된 다수파에 의해 박탈당한 것입니다.

아리스토텔레스

그래서 자네는 행복의 양이 아니라 질을 논의하고 싶었던 게로군. 이제야 확실히 알겠네.

밀

네, 그렇습니다. 이번 라운드의 주제인 정치나 형벌의 문제는 질의 문제와 직결된다는 생각이 들어요. 단순히 법률적 처벌이나 형벌의 공포로 재범을 방지한다는 제재의 측면만 논의해서는 곤란합니다. 범죄자의 교화를 지향하고 그들이 가진 고유한 능력을 최대한 이끌어내는 방향을 생각해야 하지 않겠습니까?

음미하지 않는 인생은 살 가치가 없다 소크라테스가 진리를 탐구할 때 전제로 삼는 기본적인 태도를 말한다. 자신이 아무것도 모른다는 것을 전제로 삼음으로써 사람들은 앎에 대한 음미를 지속해 진리에 이를 수 있다. 소크라테스는 진리를 계속해서 음미하는 일의 중요성을 강조했다. 15라운드 254~255쪽도 참조하라.

소크라테스

각자 자신의 지론이 있겠지만, 소년 범죄를 법률적인 엄벌로 대처해야 하느냐 그렇지 않느냐는 문제는 사회 시스템과 떼어내서 생각할 수 없겠지. 무조건 엄벌에 처하는 것은 인간의 예지에도 어울리지 않는 일이네. 우리는 자명한 것처럼 보이는 문제일수록 반대 의견을 들어보고 부딪쳐가면서 묻고 대답하며 음미해야 하네. **음미하지 않는 인생은 살 가치가 없으니까** 말이야.

토론자들의 주장 정리

❶ 사회 전체의 양적인 행복이 중요하다. 질서를 지키기 위한 엄벌에 찬성한다. (벤담)

❷ 사회 부정은 엄벌로 조정되어야 하므로 엄벌에 찬성한다. (아리스토텔레스)

❸ 참된 제재는 내적인 제재다. 개인의 교화는 사회적 이익도 되기 때문에 엄벌에 반대한다. (존 스튜어트 밀)

❹ 소년에게만 문제가 있는 것이 아니다. 그를 둘러싼 가정, 사회, 정치에도 문제가 있다. 따라서 엄벌에 반대한다. (공자)

ROUND 04

성선설과 성악설 논쟁으로 알 수 있는 것은?

성선설과 성악설은 유학의 대논쟁을 일으켰다. 그러나 인간의 본성을 어떻게 파악하느냐는 고대부터 동아시아뿐 아니라 전 세계적으로 널리 논의가 계속된 주제다. 이 장에서는 동서양의 철학자들이 인간 본성의 문제와 그와 밀접하게 연관된 국가라는 개념에 대해 묻고 대답한다.

인간의 본성은 선하다

출신 / 중국
생몰년 / 기원전 372년 무렵~기원전 289년 무렵
좌우명 / 왕도정치

중국 전국시대의 유가 사상가. 공자의 가르침을 계승해 발전시키고자 했다. 성선설을 제창하고 도덕에 기초한 정치를 강조하기 위해 여러 나라를 돌아다니며 자신의 뜻을 역설했지만, 궁극적으로는 뜻을 이루지 못하고 후진양성의 길로 돌아섰다. 유가에서는 공자에 버금가는 성인으로 존경받는다.

맹자
孟子

인간은 모두 견디지 못하는 마음이 있다

장 자크 루소
Jean-Jacques Rousseau

출신 / 프랑스
생몰년 / 1712년~1778년
입버릇 / 자연으로 돌아가라!

18세기 후반 프랑스에서 활약한 계몽사상가. 『사회계약론』에서 전개한 인민주의라는 개념은 프랑스혁명의 기초가 되었고, 나중에는 메이지 시대 일본에서 일어난 자유민권운동에도 영향을 끼쳤다.

프랑스혁명의 정신적 지주

인간의 본성은 선할까, 악할까?

인간의 본성은 악하다

순자
荀子

인간은
인위에 의해
선해진다

출신 / 중국
생몰년 / 기원전 298년 무렵~기원전 235년 무렵
좌우명 / 청출어람 청어람

여러 나라가 패권을 다투던 중국 전국시대의 유가 사상가. 공자의 흐름을 잇는 맹자가 성선설을 제창하자, 그에 반대해 성악설을 주장했다. 이 논제는 오늘날까지도 사상사적으로 큰 논쟁거리가되고 있다.

S

토머스 홉스
Thomas Hobbes

출신 / 영국
생몰년 / 1588년~1679년
필살기 / 만인의 만인에 대한 투쟁

청교도혁명으로 찰스 1세가 처형당하고 그의 아들 찰스 2세가 왕정복고를 이룩한 격동기 영국의 정치 현실을 살피며 국가의 개념과 정치철학을 연구했다. 『리바이어던』 등의 저작을 발표했다. 근대 정치학의 선구자로 받들어지는 인물이다.

국가란
무엇인가?

소크라테스

인간의 본성은 도대체 선과 악 중 어느 쪽일까? 고대부터 많은 철학자들이 이 문제를 생각해왔네. 이 주제에 관해 대표자라고 할 만한 네 사람을 불렀으니, 다들 사양 말고 실컷 이야기를 해주시게.

순자

그럼 먼저 말문을 트지요. 인간은 태어나면서부터 자신의 욕망인 '이(利)'에 지배당합니다. 언제나 자기 생각만 하고 욕망에 지배당하기 때문에 때때로 남에게 상처를 주지요. 한마디로 인간은 선천적으로 이득을 좋아합니다. 그런데 도 그냥 내버려둔다면 세상은 혼란스러워질 따름이지요.

맹자

아니야! 그렇지 않네. 예를 들어 우물에 빠진 아이를 발견했다고 치세. 못 본 척할 수 있겠나? 그럴 수 없을 테지. 오히려 아이를 구해주려고 하겠지. 그건 그 아이 부모의 간절한 마음을 알기 때문이라든가 유명해지려는 생각으로 행동하는 것이 아니지 않겠나.

순자

흥, 그야 뭐 그럴 테지요.

맹자

순자 군, 인간은 타인의 불행을 못 본 척할 수 없는 연민이나 동정 같은 측은지심을 갖고 있네. 태어날 때부터 좋은 일을 하려는 마음의 움직임, 즉 **사단**이 있다는 말이지. 인간은 선천적으로 선하다네.

맹자 선생님, 사람에게 남을 돕는 능력이 있다는 것은 확실합니다. 그러나 그 능력이 태어날 때부터 본성처럼 있다는 말은 인정할 수 없어요. 선천적인 것이 아니라 인위, 즉 교육으로 남을 돕는 행위가 가능해지는 것이 아닐까요? 난 이러한 인간의 작위를 위라고 부릅니다.

'위'라고? 거짓이라는 말인가?

아니, 그런 말이 아닙니다. 거짓이라는 뜻이 아니라 '인위(人爲)'라는 말처럼 후천적으로 만들어졌다는 뜻입니다. 그러니까 인간의 교정 작업 말입니다. 학문을 닦는다는 등 후천적인 노력으로 인간은 '선'하게 됩니다. 인간의 선은 바로 이 '위'에 의해 성립하는 거죠.

흠, 물론 나도 교육의 필요성은 인정하네. 단지 그것은 본래부터 인간에게 있는, 선을 행하는 마음의 단초인 사단이 갖추어져 있기 때문에 가능한 것이지. 선을 행하는 씨앗이 아예 없다면 아무리 교육을 해봐야 소용이 없지 않겠나?

사단(四端) 타인을 가엾게 여기는 측은지심(惻隱之心), 악을 부끄러워하는 수오지심(羞惡之心), 서로 양보하는 사양지심(辭讓之心), 옳고 그름을 가리는 시비지심(是非之心)의 네 가지 도덕 감정을 말한다. 맹자는 사람이면 누구나 태어나면서부터 지니고 있는 이 마음을 키우고 확대시켜 각각 인, 의, 예, 지라는 덕목을 이룰 수 있다고 주장한다.

위(僞) 『순자』 「성악편」에는 "인간은 본래 악하며, 선행은 인위적인 것(人之性惡, 基善者僞也)"이라는 구절이 있다. 여기에 나오는 '위(僞)'를 뜻한다. 본문에서 말하듯 인위적 행위를 가리킨다.

인간을 교육하는 목적은 교정에만 있는 것이 아니라 바로 이 사단을 잘 길러내는 데 있네.

그 말씀은 본인의 노력은 필요 없다는 말로 들리는데요?

아니야, 그게 아니지. 사단의 확대를 향해 스스로 노력하지 않으면 인간은 짐승과 다를 바 없어. 그러니까 노력해서 덕을 획득한 군자에게 사람들을 지도하고 교육할 자격이 있는 걸세.

그러면 왜 세상에는 사회의 규칙인 '예'가 있는 것입니까? 인간에게 본래 선을 행하는 본성이 있다고 한다면 예 따위는 굳이 필요 없지 않습니까? 선인들이 만들어놓은 예의 존재는 인간이 교정과 노력으로 선을 실현해왔다는 증거입니다. 예로써 사람들을 교화하는 **예치주의**야말로 사회의 이상일 것입니다.

과연 그럴까? 나는 사람들을 교정하는 것만이 정치라고는 생각하지 않아. 스승이신 공자께서도 말씀하셨지만, 군자의 도덕적인 자태에 사람들이 감화를 받아 내면적으로 인

예치주의(禮治主義) 공자와 맹자는 내면적인 '인'이 외부를 향한 태도로 나타나는 것을 '예'라고 보고, 그 필요성을 주장했다. 한편, 성악설을 취한 순자는 군주가 규칙을 정하고 사람들이 후천적이고 인위적으로 습득하는 것을 예로 보았다. 이러한 예가 사회 유지와 통치를 위해 필수불가결하다고 보는 사고를 예치주의라고 한다.

을 발휘하는 **덕치주의**야말로 정치의 이상일세. 여기에 내 의견을 좀 덧붙여보면, 무력을 사용하지 않고 특정한 이해관계에 얽매이지 않는 왕도정치(王道政治)야말로 정치의 이상일세.

왕도라니, 그건 또 무슨 말씀인지요?

난 세상의 군주를 왕과 패자(霸者)로 나누고 정치의 길도 왕도와 패도로 구별하네. 왕과 왕도가 패자와 패도보다 훌륭하다고 생각하지. 왕은 덕으로 사람들의 행복을 꾀하지만, 패자는 무력으로 민중을 지배하는 자일세. 당연히 왕도정치야말로 이상적인 정치라고 하겠지. 예로 요(堯)임금, 순(舜)임금, 우(禹)임금은 왕도를 실천함으로써 태평성대를 이룬 대표적인 성왕(聖王)이라고 할 수 있네.

전설적인 군주들을 말씀하시는군요.

그렇네. 인간의 천성은 선하네. 따라서 패도정치의 풍조가 세상에 만연하면 **역성혁명**이 일어나 현재의 왕조를 무너뜨

역성혁명(易姓革命) 왕조에는 세습되는 통치자의 성(姓)이 있는데, 하늘의 힘에 의해 그 성이 바뀌는 것을 말한다. 평화적으로 왕조 교체가 이루어지는 것을 '선양(禪讓)'이라 하고, 민중에 의해 무력적으로 왕조가 바뀌는 것을 '방벌(放伐)'이라고 한다. 맹자는 방벌에 대해서도 인정하는 급진적인 자세를 보였다.

리고 왕도정치를 지향하는 새 왕조를 세우는 것일세. 원래 하늘에 의해 선으로 나아가는 성품을 물려받았기 때문에 이 역성혁명은 일어날 수 있는 것이야.

저도 얘기를 좀 해보겠습니다.

그래, 얼마든지 말해보게.

두 분이 말씀하신 정치와 사회라는 가정에는 이미 인간은 태생적으로 악하고 욕망에 지배받는다고 여기는 경향이 깔려 있는 것 같군요. 만약 인간의 천성이 선하다면 굳이 정치나 사회가 필요할까요? 그렇다면 인간은 황야에서 따로따로 자유롭게 살아가면 그만입니다.

　그러나 사회를 만들기 이전 **자연 상태**에서는 자신의 생명을 지키기 위해, 다시 말해 자기보존을 위해 먹을 것을 서로 뺏는 일이 벌어집니다.

지금 말하는 상태가 인간의 필연이라는 말인가?

자연 상태　인위적인 정치 사회가 형성되기 전, 이론적으로 인간이 놓여 있었다고 상정된 상태를 말한다. 국가와 시민의 관계를 고찰할 때 필요한 가설이다. 홉스, 로크, 루소 등이 사회계약설을 주장할 때 활용했다.

만인의 만인에 대한 투쟁　자연 상태의 인간은 자유롭고 평등하게 생존하기 위해 힘을 행사할 권리가 있다. 그런 인간들이 이기적으로 개인의 생존만을 추구해 서로 투쟁하는 상태를 가리킨다. 홉스의 『시민론』에 등장했으며, 『리바이어던』에서도 같은 주장을 펼치고 있다.

흡스

네, 그렇게 **만인의 만인에 대한 투쟁**이 일어나는 겁니다. 이 시점에서 인간은 욕망에 지배받고 있으며 또 악하다고 볼 수 있지요.

맹자

흐음, 욕망에 지배받고 있다…. 그러나 식욕도 성욕도 한계가 있을 테지. 필요 이상으로 먹을 수도 없을 테고, 필요 이상으로 성(性)을 탐할 수도 없을 테니까.

흡스

그런 것은 신체의 욕망 아닙니까? 신체적 욕망에는 당연히 한계가 있습니다. 그러나 명예나 명성을 추구하는 정신적 욕망에는 한계가 없어요. 따라서 만인의 만인에 대한 투쟁 상태는 피하기 어렵습니다.

루소

홉스 선생님, 그 생각은 틀렸습니다. 그렇다면 어떻게 오늘날까지 사회가 존속해왔는지 설명할 수 없잖아요. 만인의

새로운 사회계약설을 외치다

사회나 국가가 개인들 사이의 계약에 의해 성립한다는 것이 사회계약설이다. 그런데 루소는 이러한 계약의 성립 바탕을 개개인의 이익의 총합이 아닌 공동체의 이익을 위한 '일반의지(volonté générale, general will)'라는 개념에 두었다. 이 논리에 따르면 정치체제는 굳이 왕정일 필요가 없다. 따라서 이 주장은 프랑스혁명의 이론적 뒷받침이 되었다.

만인에 대한 투쟁이라는 말로 자기보존권을 남용하는 사태를 전제로 삼는다면 사회는 벌써 멸망해버렸을 겁니다. 오늘날까지 사회가 없어지지 않은 까닭은 자기보존의 욕구 이외에도 타자를 배려하는 마음, 즉 연민이 있기 때문 아닐까요? 인간을 태생적으로 악하다고 단정 짓는 것은 성급한 처사입니다.

홉스

그렇지 않아. 인간이 멸망하지 않은 것은 늘 공포를 상정했기 때문이야. 그리고 그것을 위한 사회적 계약을 맺었기 때문이고…. 생각해보게. 권위 있고 엄격한 부모가 없다면 아이들은 천방지축으로 자라나 이웃 아이들과 주먹질만 하겠지. 우리 인간은 자기 머리 위에 공포를 이고 있기에 서로 공존할 수 있네. 다시 말해 만인의 만인에 대한 투쟁 상태를 끝낼 수 있다는 말이야.

루소

투쟁이 종결된다는 것은 구체적으로 어떤 상태를 말합니까?

홉스의 『리바이어던(leviathan)』

홉스는 『구약성서』에 등장하는 괴물 리바이어던을 국가주권의 절대성에 비유해 자기 책의 제목으로 삼았다. 리바이어던은 자연 상태에서는 '만인의 만인에 대한 투쟁'이 되는 사회를 절대적인 힘으로 통치함으로써 평화롭게 유지하는 국가(common wealth)를 상징한다. 홉스는 개개인이 자기보존의 권리를 국가에 위임해야만 한다는 사회계약을 기반으로 국가가 평화를 가져다준다고 주장하며 절대왕정을 지지했다.

홉스

모든 사람이 자기보존을 위해, 한 사람의 군주나 국가에 자기 권리를 이양하는 것일세. 말하자면 싸움 도구가 될 수 있는 칼을 군주 또는 국가에 넘기는 것이지. 이렇게 권력을 위임받은 군주나 국가는 모든 사람들을 강력한 힘으로 지배하네. 이때야 비로소 만인의 만인에 대한 투쟁 상태가 해결되는 것이지.

루소

우리를 지배하는 강력한 힘이란 게 무엇입니까?

홉스

정치권력이네. 인간은 정치권력처럼 인간 위에 군림하는 공포가 없으면 질서를 유지할 수 없어. 따라서 역시 성악설이 옳다고 봐야겠지.

루소

과연 그럴까요? 저는 찬성할 수 없습니다. 아까 주장했듯이 인간에게는 타자를 배려하는 연민의 감정이 있습니다. 자기 것을 독차지하지 않고 서로 나누려는 다정함이 있어요. 국가가 생기기 이전인 자연 상태에서도 먹을 것을 한 사람이 전부 독점할 필요는 없습니다. 서로 나누어 먹어도 되니까요. 그렇게 해왔기 때문에 사회가 존속할 수 있었던 겁니다.

홉스

국가나 권력이 필요 없다는 말인가?

루소

그런 말을 하려는 것이 아닙니다. 우리가 맺어야 할 사회계약은 사람들 개개인이 군주나 국가에 자기 권리를 넘겨주는 식이 아니에요. 공동체를 통해 사유재산의 분배를 시정해가는 것입니다. 오늘날 식으로 말하면 공유하는 것이지요. 국가가 아니라 공동체를 만들고, 각자 그곳으로 먹을 것을 갖고 옵니다. 그러면 먹을 것이 남는 사람이 먹을 것을 원하는 사람에게 주는 식으로 모두 골고루 영향력을 주고받겠지요. 개인들로서는 어쩌다가 먹을 것이 남는 날이 있는 만큼 또 부족해질 때도 있으니 만족하게 되고요.

홉스

지나치게 낙관적인 생각 아닌가?

루소

낙관적이라니, 무슨 말씀이세요? 제가 생각하는 자연이 바로 그런 상태입니다. 서로 돕는 것을 전제로 삼는 상태 말입니다. 저는 타자를 배려하는 연민이 있는 **자연으로 돌아가**라고 늘 입버릇처럼 말하고 있습니다. 그래서 말인데, 홉스 선생께 질문이 있습니다.

홉스

말해보게. 대답해주지.

루소

선생님은 국가가 성립한 이상 그 구성원은 국가에 절대 복종해야 하고, 그렇게 해야 만인의 만인에 대한 투쟁은 끝난다고 말씀하셨지요?

홉스

그렇다네.

루소

그러나 국가가 존재하면 국가끼리 싸움이 벌어지기 시작하겠지요?

홉스

흥, 그렇게 물을 줄 알았지. 분명 국가를 만든 이상 이번에는 국가끼리 투쟁할 가능성이 있네. 아니, 그럴 가능성이 높다고 해야겠지. 이를 저지하려면 국가 위에 군림하는 강력한 괴물 같은 공포를 상정할 필요가 있네. 만약 그럴 수만 있다면 국가는 공포에 지배당하게 되고, 그 결과 국가끼리의 투쟁은 마침내 끝이 날 테지.

루소

저기, 잠깐만요. 그 말씀은 그러니까 공포를 영원히, 계속 만들어내지 않는 이상 인간이 전쟁을 그만두지 못한다는 말씀인가요?

홉스

아, 그렇다니까.

루소

과연 그 말씀이 타당할까요? 그런 상태야말로 비현실적으로 보이는데요. 애당초 문명(**사유재산 제도**) 안으로 들어서

자연으로 돌아가라 『인간불평등기원론』, 『사회계약론』 등에서 자연 상태를 해설하거나 불평등에 대해 논의한 루소의 핵심 사상을 나타내는 표어다. 이 말은 인위적으로 생긴 사회악의 죄를 묻고 있다. 루소는 부의 사유화 등으로 타락한 문명사회와 결별하고, 다시 문명사회 이전의 선량한 인간 공동체를 추구해야 한다고 주장했다.

기 전까지 인간은 그야말로 자유롭고 평등했어요. 그러나 문명에 의해 다툼이 벌어지게 되었지요. 나는 인간이 문명의 사슬에 매이지 않고 선했던 맨 처음 시대로 돌아가고 싶습니다.

홉스

이 사람아, 정말 그런 시대가 있기는 했을까? 아주 오랜 옛날부터 인간은 자기보존을 위해 생존경쟁을 해왔다네. 그 사실을 직시하는 것이 현실적이야. 자기 자신을 지켜야 한다는 최우선 전제가 인간이라는 생물의 본능이니 말이야. 그러니까 지금 이렇게 철학 배틀을 벌이고 있는 것이 아닌가?

소크라테스

자, 모두들 이쯤 해두세. 인간은 선한가, 악한가? 이 이야기는 참 재미있었네. 악하니까 교육이 필요하다고 주장하는 순자, 그리고 선하니까 교육으로 선을 확대시킬 수 있다고 하는 맹자. 두 사람 다 교육의 중요성을 강조한다는 점이 흥미로웠네.

또한 인간은 원래부터 투쟁하는 생물이라고 주장하는 홉스, 그게 아니라 서로 돕는 것이 본성이라고 말하는 루소. 인간이 관계를 맺고 사회를 형성한다는 점에서 두 사

사유재산 제도 루소는 사유재산 제도의 확립(특히 토지 소유)이 정치 지배의 확립이라고 주장했다. 당시 프랑스는 대토지 소유자가 지배하는 봉건체제(절대왕정)였다.

람의 의견은 통하고 있어. 다만 사회의 나아갈 방향이 공포의 창출이냐, 아니면 '자연'으로의 회귀냐 하는 점에서 두 사람은 각을 세웠네.

　모두들 오늘도 활발한 논의를 펼쳤군! 그 과정에서 선과 악을 두부처럼 딱 자를 수 없는 인간의 관계성이 여실히 드러났어. 오늘은 이 자리에 나오시지 않았지만 공자 선생님도 틀림없이 어느 한쪽 입장만 취하지는 않으셨을 게야.

토론자들의 주장 정리

❶ 인간은 교육에 의해 선행을 할 뿐 본성은 악하다. (순자)

❷ 자기보존을 전제로 하는 인간의 본성은 악하며, 사회나 정치는 상호 투쟁을 막기 위한 것이다. (홉스)

❸ 인간은 태어나면서부터 타자의 불행을 못 본 체할 수 없는 존재로 본성이 선하다. (맹자)

❹ 인간의 본성이 선하기에 서로 도우면서 사회를 존속해올 수 있었다. (루소)

ROUND 05

정당한 전쟁은 존재할 수 있을까?

전쟁은 오늘날에도 계속 끊임없이 벌어지고 있다. 인류 최대의 악덕이라고 할 수 있는 전쟁을 허용하는 철학적 논리는 무엇인가? 또한 영구평화를 추구하는 철학적 논리는 무엇인가?

정당한 전쟁 따위는 없다!

장 자크 루소
Jean-Jacques Rousseau

출신 / 프랑스
생몰년 / 1712년~1778년
입버릇 / 자연으로 돌아가라!

18세기 후반 프랑스에서 활약한 계몽사상가. 『사회계약론』에서 전개한 인민주의라는 개념은 프랑스혁명의 기초가 되었고, 나중에는 메이지 시대 일본에서 일어난 자유민권운동에도 영향을 끼쳤다.

프랑스혁명의
정신적 지주

이마누엘 칸트
Immanuel Kant

출신 / 독일
생몰년 / 1724년~1804년
좌우명 / 내 마음 속 도덕법칙

18세기에 활약한 독일 철학자. 독일 관념론의 아버지라 불리며 피히테, 헤겔 등에게 큰 영향을 미쳤다. 『순수이성비판』, 『실천이성비판』, 『판단력비판』 등으로 비판주의적 입장을 견지했다.

독일 관념론의 아버지

전쟁은 절대악일까?

어쩔 수 없는 전쟁도 있다!

토머스 홉스
Thomas Hobbes

출신 / 영국
생몰년 / 1588년~1679년
필살기 / 만인의 만인에 대한 투쟁

청교도혁명으로 찰스 1세가 처형당하고 그의 아들 찰스 2세가 왕정복고를 이룩한 격동기 영국의 정치 현실을 살피며 국가의 개념과 정치철학을 연구했다. 『리바이어던』 등의 저작을 발표했다. 근대 정치학의 선구자로 받들어지는 인물이다.

국가란 무엇인가?

제레미 벤담
Jeremy Bentham

출신 / 영국
생몰년 / 1748년~1832년
좌우명 / 최대 다수의 최대 행복

공리주의를 창시한 영국의 철학·법학·경제학자. 『정부론 단편』 등에서 제시한 '최대 다수의 최대 행복'이라는 말로 널리 알려졌다. 법학을 전공했지만 법조계가 아닌 저술 분야에서 성공을 거두었다.

미스터 공리주의

흠, 20세기는 세계를 온통 휩쓸어버린 전쟁의 세기였군. 21세기인 지금도 중동의 분쟁이나 러시아와 우크라이나 사이의 분쟁 등 지구상에는 전쟁이 그칠 날이 없네. 고대에서부터 오늘날까지 인간의 역사는 전쟁의 역사라고 해도 과언이 아니야. 물론 다툼이 없는 상태보다 더 좋은 일은 없겠지만, 전쟁은 과연 피할 수 없는 일일까? 한번 기탄없이 논의해보세.

그럼 저부터 단도직입적으로 말하지요. 우선 도대체 인간은 왜 전쟁을 일으킬까요? 이 측면에서 인간의 본성과 투쟁성에 대해 생각해볼 필요가 있을 겁니다.

인간의 본성과 투쟁성이라고? 4라운드의 논의 때 홉스 군은 사회가 성립하기 이전의 '자연'에서는 인간이 서로 싸우는 '만인의 만인에 대한 투쟁' 상태에 있다고 말했었지? 그러니까 인간은 애초부터 전쟁을 하는 것이 당연한 존재라는 말인가?

네, 그렇습니다. 다만 그것은 자신의 자기보존을 위한 정당한 싸움입니다. 인간은 태어나면서부터 자기 생명을 지키는 '자기보존의 권리'를 갖고 태어납니다. 자기보존이야말로 인간이 지닌 최고의 **자연권**이지요.

루소

홉스 선생님, 그러면 자기 몸을 지키기 위해서는 무슨 일을 해도 좋다는 뜻입니까?

홉스

그렇다네. 국가가 아직 형성되기 이전의 자연 상태를 생각해보게. 자기 몸은 스스로 지키는 수밖에 없어. 거의 전쟁 상태라고 해도 무방하지. 국가나 법이 없는 세계에서는 공포와 폭력의 위험성이 끊임없이 도사리고 있어. 그곳에서 인간의 생활은 고독하고 가난하며 지저분하고 잔인할 뿐 아니라 수명도 짧지.

루소

상당히 비관적인 세계관이군요. 인간은 애초부터 전쟁 상태에 놓여 있다는 말씀입니까?

홉스

그렇다니까! 그래서 살아남기 위해서는 무슨 짓을 해도 허용되네. 따라서 전쟁 역시 자기보존의 방법이 될 수 있지. 자기보존권이야말로 자연권이라 할 수 있으니까. 자기 목숨을 확실하게 보전하기 위해 사람들은 합의와 계약에 의해 사회를 만들었어. 자기보다 더 강대하고 더한 공포의 대상인 군주와 국가에 자신의 권리를 양도하고, 자기보존을 확실하게 보장받고자 결의한 것이지.

자연권 인간이 태어나면서부터 지니는 자연법상의 권리로, 천부인권(天賦人權)이라고도 한다. 생명, 재산 그리고 자유가 훼손당하지 않을 권리를 말한다. 자연권 사상은 서구 시민혁명에 큰 영향을 끼쳤으며, 국제연합(UN) 헌장과 세계인권선언에도 드러나 있다.

자기보존의 수단으로써 인간이 계약에 의해 사회를 형성했다는 견해에는 동의합니다. 저도 사회계약을 인정하는 『사회계약론』을 저술한 사람이니까요. 그러나 과연 인간에게 자기보존만이 원초적인 행동의 원리일까요? 만약 그 원리만으로 인간이 움직이고 있다고 한다면, 현재 이 지구 상에는 인간이 남아 있지 않을 겁니다.

어째서 그렇게 말할 수 있지?

인간이 **사회적 불평등**이나 경쟁을 초래한 까닭은 '생활의 지혜'가 생기면서 약육강식이라는 관념이 발생했기 때문이니까요.

생활의 지혜라니? 그건 뭘 말하는 건가?

자연이 가져다주는 고통을 피하기 위한 지혜를 말합니다. 이 지혜를 터득함으로써 인간은 동물보다 우위에 올라섰고 개인으로서의 인식과 자존심도 갖게 되었죠. 그러자 인간은 다른 인간을 믿어야 할지 경계해야 할지를 분별해야 했는데, 그게 바로 계약 관념의 시작이지요.

음, 그렇군. 그 생각에는 이의가 없네.

루소

다음 단계로 들어가면 가족과 사유재산이 생겨날 뿐 아니라 인간은 자발적으로 공동체와 **분업**을 성립시킵니다. 공동체 안에서 사람들의 존경을 받는 것이 가치로 인정받으면서 불평등이 생겨났죠. 분업 또한 빈익빈 부익부를 초래하고, 불평등과 빈곤을 낳았습니다. 21세기에도 직업이라는 형태의 분업에 따라 연봉이나 지위에 격차가 생기고 있습니다.

홉스

사유재산 때문에 불평등이나 경쟁 시스템이 성립했다는 말인가?

루소

홉스 선생님이 말씀하신 자연 상태에서는 인간끼리의 종속관계는 존재하지 않았고, 경쟁이나 전쟁도 없었습니다. 또 오늘날까지 이렇게 인간이 생존하고 있다는 것이야말로 인간에게 자기보존 이외에 연민의 감정이 있기 때문이 아니겠습니까? 연민이란 간단하게 말해 타인에 대한 배려입니다. 인간은 자기만 생각하는 것이 아니라 자기 이외의 사람에게도 신경을 씁니다. 그런 마음이 있기 때문에 인간은 자신의 자기보존이 타자의 희생을 최소화하도록 행동

사회적 불평등 본문에서 이야기하고 있듯, 루소는 '자연' 상태에서는 인류에게 불평등이 없었다고 주장한다. 이 논의는 루소가 1755년 발표한 『인간 불평등 기원론』에서 제기되었다.

분업 루소는 분업이 농업과 야금(금속을 채취해 정련하고 가공하는 기술)의 발명에서 생겨났다고 본다. 농업과 야금은 사유재산제에서 생겨난 불평등 역시 몹시 촉진시켰다. 18세기의 경제학자 애덤 스미스는 분업을 통한 이익을 주장했다.

하는 것입니다.

아냐, 그렇지 않아. 자네는 아무래도 인간의 욕망을 가볍게 보는 것 같군. 예컨대 아무것도 없는 방에 나와 자네 둘만 30일 동안 갇혀 있다고 하세. 그런데 그곳에 콜라 한 병이 눈에 띄었다면 어떻게 될 것 같나?

콜라 한 병이요? (뜬금없이 웬 콜라람…)

우리는 각자 자기보존의 본능에 따라 콜라를 서로 뺏는 **투쟁 상태**에 놓일 걸세. 이것을 만인의 만인에 대한 투쟁이라고 하는 거야. 루소 군, 이 투쟁이 과연 악일까? 나는 투쟁 상태야말로 자연 상태에 놓인 인간의 본질이라고 생각하네만.

아니, 잠깐만요. 저는 그렇게 생각하지 않습니다. 그런 상황에서 콜라를 마시지 못한다면 살 수 없을 테니 틀림없이 자기보존을 생각하겠지요. 그러나 어느 한 쪽이 콜라 한 병을 몽땅 차지할 게 아니라 서로 나누어 마시면 되지 않을까요? 함께 마시면 되잖아요!

그럴 수 있다면 그렇게 하는 것이 좋겠지.

루소

전 그것을 자기애와 연민이라고 부릅니다. 타자에 대한 배려가 있기 때문에 지금 우리가 있는 것입니다. 이렇게 인간 사회가 존속할 수 있는 것이고요.

홉스

그 말은 곧 자네는 자연 상태가 어디까지나 투쟁 상태로 있는 게 아니라고 우기는 게로군?

루소

사회의 안녕은 서로 연민에 기초한 배려를 베풂으로써 얻어지는 것이니까요. 그렇지 않습니까? 제 식으로 말씀드리자면 **상호배려 상태**라고 할 수 있겠죠.

소크라테스

과연 투쟁 상태인가, 상호배려 상태인가? 만만치 않은 논의로군. 벤담, 자네 생각은 어떤가?

벤담

잠시 실례하겠습니다. 저는 우선 루소 선생의 의견에 의심이 가는군요. 밀폐된 곳에 갇힌 인간이 고작 두 명이라면 연민의 감정으로 콜라 한 병 나누어 마시는 것도 가능할지 모릅니다. 하지만 만약 백 명, 천 명인 경우에는 어떻게 될 것 같습니까?

투쟁 상태 '만인의 만인에 대한 투쟁'이란 말은 홉스가 1642년에 발표한 『시민론』에서 처음으로 등장한다. 이 해 영국은 청교도혁명에 의해 왕당파와 의회파가 무력 투쟁을 벌이는 내란 상태에 빠져 있었다.

상호배려 상태 홉스는 자연 상태가 만인의 만인에 대한 투쟁 상태라고 주장한 데 반해, 루소는 상호배려 상태라고 주장했다. 루소가 말하는 홉스에 대한 반론의 근거가 바로 본문에서 이야기되는 연민이다.

루소

그렇게는 상정해보지 않았네만….

벤담

바로 그럴 때 일반적으로 인간은 어떻게 하면 더 많은 수가 살아남을지 생각하고 행동하는 법입니다. 다수가 살아남을 수 있을지 위해 소수의 희생은 피할 수 없을 때도 있지요. 인간은 최대 다수의 최대 행복을 추구하니까요. 그런 의미에서 인간 사이의 투쟁과 전쟁은 어쩔 수 없는 것이 아닐까요?

루소

쳇, 자네는 이것도 저것도 모조리 공리주의라고 말하는군. 그렇지만 최대 다수의 최대 행복을 지향하는 것은 어디까지나 정치적 목표가 아닌가? 백 명, 천 명이 콜라를 나누어 마실 수 없다는 것은 틀림없어. 대립을 도저히 피할 수 없는 경우, 그러니까 원하는 대상이 한정되어 있는 희소성의 경우를 상정하지 못한 것은 물론 내 약점일지도 모르겠네만….

쾌락 계산이란?

양적 공리주의자인 벤담은 쾌락을 수량화(3라운드 61쪽 참조)할 수 있다고 주장했다. 수량화를 위해 사용하는 것이 쾌락 계산이다. 쾌락을 양적으로 재는 기준으로는 강함, 지속성, 확실성, 원근성, 다산성, 순수성, 범위 등을 들 수 있다.

루소 군, 말 한번 잘했네. 내가 주목하고 싶은 것이 바로 그 희소성 문제라고!

홉스 선생님, 그럼에도 인간의 심성에는 보편적인 인류애가 뿌리내려 있다고 생각합니다. 아무리 멀리 떨어져 있어도 힘들어하는 친구가 있으면 자기 일처럼 생각하고 도우러 달려가는 연민의 감정이 있지 않습니까? 비록 백 명, 천 명이나 되는 사람들이 갈등을 일으킨다 해도 어떻게든 함께 지혜를 짜내 서로 도울 것이라고 생각합니다.

저도 루소 선배님의 의견에 찬성합니다. 인간의 존엄을 생각한다면 살인을 저지르는 전쟁 같은 것은 도저히 있을 수 없겠지요. 사람의 수가 적든 많든 상관없이 무조건 삶을 선택해야 한다는 것이 인간의 '의무의 윤리'입니다.

이보게, 그 의무의 윤리라는 건 도대체 뭔가?

독일 관념론이란?

18세기 후반에서부터 19세기 초반에 걸쳐 칸트에서 시작해 독일을 중심으로 발전한 철학 사조. 세계의 근원적 존재를 물질이 아닌 정신으로 파악해, 인간의 내면이나 정신을 중시하는 경향이 있다. 피히테나 헤겔 등 수많은 철학자들이 이를 계승했다.

저는 이성에 의해 도출되는 보편적이고 궁극적인 도덕이 있다고 생각합니다. 그것에 무조건 따르는 것이 윤리의 달성, 즉 의무의 윤리인거죠.

그러나 지금까지 인류는 그런 선택을 하지 않았다는 것을 모르는가? 현실을 보면 명백하지. 개인 차원에서도, 국가 차원에서도, 자기보존에 기초한 전쟁은 지금도 버젓이 일어나고 있어.

그렇다고 그것이 바람직한 상태는 아니지 않습니까? 인간은 본래 있어야 할 바람직한 상태에 무조건 따라야 합니다. 전쟁은 사람을 죽이는 일이에요. 인간의 존엄성을 박탈하는 행위입니다. 그 어떤 이유도 갖다 붙일 여지가 없는 악인 것입니다.

물론 그야 말할 필요도 없지. 전쟁을 계속 일으키는 것이 바람직하다고 생각하는 것이 결코 아니네. 내 입장은 도리어 그 반대야. 그래서 인간은 새로운 공포를 설정함으로써 전쟁을 종결시킬 수 있다고 말하는 걸세. 괴물 리바이어던 처럼….

리바이어던이라고요? 다소 추상적이군요.

홉스

리바이어던은 강력한 공포를 지닌 지배자를 뜻하는 말일세. 개인에게는 군주나 국가가 해당되겠지. 군주나 국가에 자기보존의 권리를 맡김으로써 개인끼리의 투쟁 상태를 피할 수 있어.

루소

그렇다면 국가끼리의 투쟁, 그러니까 전쟁은 어떻게 하고요?

홉스

글쎄, 국가끼리의 전쟁을 종결시키려면 어떻게 하면 좋을까? 더욱 강력한 존재를 상정하는 수밖에 없겠지. 예를 들어 우주로부터 인류 공통의 적이 내려와 모든 국가들이 힘을 모아 싸우는 상황이 된다면 국가끼리는 전쟁을 멈추겠지.

칸트

홉스 선생님은 늘 그렇게 새로운 공포가 나타나야 사람들이 싸움을 멈출 거라고 말씀하시는군요.

이것만은
꼭 알아두자!

주요 사회계약설

홉스의 사회계약설은 군주제를 전제로 한다. 투쟁 상태를 피하기 위해 자연권을 군주나 국가에 양도해야 한다는 논리(4라운드 85쪽)가 바로 그것이다. 이에 대해 로크는 인민의 신탁(信託)에 의해 국가가 권력을 행사할 수 있다고 보았고, 국가 권력의 불법 행위에 대해서는 인민에게 저항권이 있다고 주장했다. 한편 루소는 간접민주제를 제창한 로크에 반대해 직접민주제를 주장했다.

뭐, 그런 이야기가 되겠지.

공포에 의한 평화라니, 말도 안 됩니다! 인간은 이성의 빛에 의해 전쟁을 멈추어야 합니다. 평화를 위해 공포를 창출한다고요? 세상에, 그건 어불성설에 불과합니다!

이보게, 칸트 군! 자네처럼 입으로만 이상(理想)을 떠드는 일은 삼척동자도 할 수 있어. 전쟁을 피하는 구체적인 방법이 있다면 대안을 제시해보든가….

대안이요? 있고말고요. 첫 번째는 **쇄국 정책**을 취하는 것입니다. 자기 나라 안에서 모든 것을 완결할 수 있는 사회를 만들어 다른 나라를 침략하지 않는 것이지요. 17~18세기 한국이나 일본처럼 말입니다.

칸트 선생, 그러면 이민이나 무역을 전부 금지하잔 말입니까? 저도 식민지주의에는 반대하지만, 자유 무역을 인정하지 않는 것은 시대에 역행하는 것이 아닐까요?

쇄국 정책 칸트는 1795년 간행된 『영구평화론』에서 당시 서양 제국주의 국가들의 식민지 정책을 비판하는 동시에, 일본의 쇄국정책을 옹호했다.

전쟁의 종결 칸트가 말하는 목적의 왕국(2라운드 47쪽 참조)은 이후 국제연맹과 국제연합 등의 탄생 원리가 되었다. 그가 직접적으로 전쟁의 종결을 다룬 저서가 바로 『영구평화론』이다. 이 책은 프랑스혁명과 숱한 전쟁들로 요동쳤던 당시 정세를 반영하고 있다.

그런가요? 세계화 시대인 현대에는 실현하기 어려울지도 모르겠군요. 쇄국 정책이 안 된다면 세계가 하나가 되는 방법이 있습니다.

칸트

그 방법이 무엇입니까?

벤담

모든 국가가 서로 무기를 버리고 하나의 국제 공동체를 만드는 것이죠. 그 국제 공동체에서 **전쟁의 종결**을 영구히 약속하면 됩니다. 이참에 한마디 하자면, 이런 식의 계몽을 계속하는 것이야말로 우리 철학자들이 담당해야 할 역할이 아니겠습니까?

칸트

뭐라고? 내가 뭔가 잘못 들은 건 아니겠지? 칸트 선생은 지금 국가를 아예 내팽개치자는 말인가! 절대로 그럴 수는 없네. 우리는 사회계약에 의해 국가를 만들자고 약속했어. 그렇게 탄생한 국가를 초월한 국제 공동체 같은 개념은 지

홉스

정전론(正戰論)과 클라우제비츠

정의로운 전쟁이 있다고 역설하는 입장(정전론)의 대표적인 사례는 중세의 아우구스티누스(12라운드 207쪽 참조)다. 평화를 가져오기 위한 전쟁이라면 신의 의지에 따라 정의에 속한다고 주장했다. 그러나 근대에 들어오면 전쟁에는 따로 선악이 없다는 주장이 일반적이다. 19세기 프로이센의 장군 클라우제비츠(Karl von Clausewitz)는 『전쟁론』에서 전쟁은 정치적 목적을 달성하기 위한 수단의 하나, 즉 정치의 연장이라고 주장했다.

구 밖에서 외계 생물이라도 발견되지 않는 이상 절대 성립할 수 없네.

칸트

국가라고 해서 만능은 아닙니다. 국가의 역할은 개인이 행복을 추구하도록 환경을 마련해주는 것이죠. 중요한 것은 개인이 자율적이어야 한다는 것, 즉 스스로 생각하고 행동하는 것입니다. 따라서 공동체의 크기는 상관없어요. 국가든, 규모가 더 큰 국제 공동체든….

소크라테스

이것 참, 이제는 지구 밖 외계 생물까지 등장했군. 아직 발견될 기미는 없는데 말이야. 그건 그렇다 치고 무엇보다 전쟁이 국가나 정치와 밀접한 연관이 있다는 점은 이번 논의를 통해서 잘 밝혀진 것 같네.

벤담

흠, 저와 동시대를 살았던 프로이센의 장군 클라우제비츠는 전쟁을 가리켜 정치의 연장이라고도 했지요.

소크라테스

그나저나 이보게들, 전쟁을 절대악으로 볼지 말지의 문제는 일단 젖혀두고라도, 이번 라운드에서 어느 정도는 전쟁을 피할 수 있는 방법을 모색한 것 같기는 하군. 누가 뭐래도 우리 모두는 전쟁을 원하지 않아. 그렇다면 어떻게 해야 할까? 바로 이 질문에 대한 대답에서 각자 차이가 있는 것 같군. 어쩌면 이번에 나누었던 논의를 계속해나가는 것

도 다툼을 피하는 수단이 될지 모르겠어. 자, 그럼 다음에

또 만나세.

토론자들의 주장 정리

❶ 전쟁은 자연권(자기보존)에 근거해 용인될 수 있다. (홉스)
❷ 최대 다수의 최대 행복을 위해 전쟁은 피할 수 없다. (벤담)
❸ 인간의 본성인 연민의 감정에 기초해 전쟁을 피할 수 있다. (루소)
❹ 무조건 따라야 할 의무의 윤리에 따라 전쟁은 용인될 수 없다. (칸트)

ROUND 06

중요한 것은 세계인가, 국가인가, 아니면 자기 자신인가?

오늘날은 글로벌리즘의 영향력이 급속히 확산되는 한편, 거꾸로 각국에서 애국심이 요구되는 내셔널리즘의 위력도 강해지고 있다. 세계와 국가, 이 두 공동체 가운데 어느 쪽을 더 중시해야 할까?

글로벌리즘

출신 / 미국
생몰년 / 1921년~2002년
입버릇 / 공정함으로서의 정의

제2차 세계대전에 참전한 뒤로 본격적으로 철학을 연구했다. 프린스턴대학을 졸업하고 하버드대학 등에서 가르쳤다. 1971년 발표한 『정의론』에서 정치에서의 정의와 그 정통성을 문제 제기함으로써 정치철학 분야에 커다란 영향을 미쳤다.

존 롤스
John Rawls

제자리걸음이던 학계를 변화시킨 정치철학자

출신 / 독일
생몰년 / 1724년~1804년
좌우명 / 내 마음 속 도덕법칙

18세기에 활약한 독일 철학자. 독일 관념론의 아버지라 불리며 피히테, 헤겔 등에게 큰 영향을 미쳤다. 『순수이성비판』, 『실천이성비판』, 『판단력비판』 등으로 비판주의적 입장을 견지했다.

이마누엘 칸트
Immanuel Kant

독일 관념론의 아버지

양자는 모순되지 않는다!

출신 / 인도
생몰년 / 1869년~1948년
좌우명 / 비폭력주의

영국의 식민지 지배 아래 있던 인도에서 독립운동 조직인 인도국민의회에 참가했다. 비폭력주의에 바탕을 둔 독립운동으로 활약했던 지도자이자 정치가다.

마하트마 간디
Mahatma Gandhi

인도의 독립을 이끈 지도자

글로벌리즘과 애국심, 어느 쪽이 중요할까?

향토애와 애국심이 중요하다!

아리스토텔레스
Aristoteles

'모든 학문의 아버지'로 불리는 지성사의 거인

출신 / 그리스
생몰년 / 기원전 384년~기원전 322년
좌우명 / 중용

플라톤의 가르침을 받은 뒤, 독자적으로 현실주의 사상을 주장했다. 생물, 정치 등 광범위한 대상을 연구했으며, 이들을 전부 필로소피아('철학'의 어원으로 지혜에 대한 사랑을 뜻한다)라고 일컬었다. 광범위한 연구 분야로 '모든 학문의 아버지'라고 불리며, 마케도니아 왕의 요청으로 소년 시절의 알렉산드로스 대왕을 가르치기도 했다.

프리드리히 니체
Friedrich W. Nietzsche

신을 부정할 수 있는 초인

출신 / 독일
생몰년 / 1844년~1900년
입버릇 / 신은 죽었다!

19세기 후반의 철학자. 기독교 지배로 인한 유럽 문화의 퇴폐를 주장하면서 새로운 가치의 수립을 부르짖었다. 대표 저서로 『차라투스트라는 이렇게 말했다』, 『비극의 탄생』 등이 있다.

자기 자신이 제일 중요하다!

알베르 카뮈
Albert Camus

43세의 젊은 나이에 노벨문학상 수상

출신 / 프랑스
생몰년 / 1913년~1960년
입버릇 / 부조리

프랑스의 작가이자 철학자. 인생의 부조리를 그려낸 주요한 저서로 『이방인』, 『페스트』 등이 있으며, 제2차 세계대전 때는 레지스탕스에도 참가했다. 1952년에 발표한 수필 『반항적 인간』을 둘러싸고 사르트르와 논쟁을 펼쳤다.

'세계화'라는 말이 유행하는 것을 보면, 이제 세계는 하나라고 외칠 수 있는 시대 같군. 인류는 모두 형제라는 말이겠지? 그런데 한편으로는 나라와 나라 사이의 이해관계가 대립하거나 서로를 적대하느라 형제처럼 지내는 일이 여간 힘들지 않아. 애국심이나 국익을 강조하는 장면에서 그걸 느낄 수 있지. 좀 더 친근한 예를 들어볼까? 가족, 고향, 회사 등 자기가 속한 조직이나 주위 사람을 위해 최선을 다하고 싶다는 사람이 있는가 하면, 세계 공통의 규칙을 강요하기보다 지인과 동료의 이익이나 문화를 지켜주고 싶다는 사람도 있네. 이번에는 세계화와 애국심, 인류 전체와 주위 사람, 어느 쪽이 더 중요한지 논의해보세.

세계화에 가까운 개념은 저의 제자이기도 한 마케도니아의 알렉산드로스가 대제국을 건설했던 시대부터 있었습니다. 그때는 **코스모폴리타니즘**이라든가 **세계시민주의**라는 말로 표현했지요.

네, 대제국이 생겨나 소국의 울타리를 없앴다면 자연스레 다양한 민족의 교류가 이루어질 뿐 아니라 개개의 민족이나 지역 단위보다는 제국 전체라는 넓은 시야로 사고하게

코스모폴리타니즘(cosmopolitanism) 세계시민주의라고도 한다. 민족이나 국가라는 틀이 아니라 세계를 하나의 공동체로 보고 사람은 모두 평등한 동포라고 여기는 사상이다. 도시국가 시대에서 강대하고 광범위한 제국이 성립된 헬레니즘 시대로 이행한 고대 그리스에서 싹텄다.

될 겁니다. 다민족국가인 오늘날의 미국을 상상해보면 쉽게 짐작이 가겠지요? 그런 생각을 더 밀고 나가면 세계의 모든 인류가 똑같은 동포라는 생각에 다다를 것입니다.

아리스토텔레스

칸트 군, 그렇지만 나로 말할 것 같으면 현실 사회 속에서 이루어지는 인간의 교류를 더욱 중시하고 싶군. 상상해보게나. 말도 통하지 않는 야만적인 **바르바로이**와 가치관이나 논리, 법을 공유하는 것이 가능할 것 같은가? 전 세계의 인간이 모두 동등하다고 말할 수 있는 근거는 있기나 하고?

칸트

흠, 그러니까 제 말씀은…. 네, 말이 통하지 않는 인간에게도 이성이 있고, 이성에 의해 인류 전체에 공통된 **도덕법칙**이 주어져 있다고 생각합니다. 인류가 공통의 도덕법칙을 갖고 있다는 기초적인 사례를 들어보지요. 지금 선생님께서 어느 역 승강장에 서 있는데, 눈앞에서 낯모르는 아이가 쓰러져 피를 흘리고 있다면 어떻게 하시겠습니까? 그 아이가 어느 민족이든 상관없이 필사적으로 도와주려고 하실 겁니다. 그렇지 않습니까?

바르바로이(barbaroi) 도시국가를 세우고 자유와 민주제를 누렸던 그리스인이 보기에 후진적으로 보였던 다른 문화권의 이민족, 또는 선진적인 대국이라고 해도 적대시하고 있던 페르시아 등을 가리키는 경멸적 명칭이다.

도덕법칙 칸트는 이성에 기초한 보편적인 도덕의 양상을 '도덕법칙'이라고 불렀다. 항상 '~하라'는 무조건적 정언명령(2라운드 45쪽 참조)의 형식을 취한다.

아리스토텔레스

물론 도와줘야지. 그렇지만 지금 눈앞에서 낯모르는 남의 아이가 피를 흘리고 쓰러져 있는 동시에, 그 옆에서 자네 자식도 똑같이 피를 흘리고 쓰러져 있다면 어떻게 하겠나? 자네라면 어느 아이를 먼저 구해줄 텐가? 당연히 남의 자식보다는 자기 자식을 먼저 구하지 않을까?

롤스

두 분 말씀 중에 끼어들어 죄송하지만, 지금 말씀하신 예는 꽤 극단적이군요. 그렇다고 해서 가족이나 친구만 구해주면 괜찮은 걸까요? 하다못해 자기 아이를 구한 다음에라도 남의 아이를 도와주어야 하지 않을까요?

칸트

그렇습니다, 그렇고말고요. 그것이 인간의 의무지요!

롤스

인간 사회는 일반적으로 동의에 의해 굴러가고 있어요. 예를 들어 아무리 자식이 귀여워도 회사에서 정실 인사로 마구 승진을 시킨다면 다른 사원들의 동의를 얻을 수 없을 겁니다. 한마디로 인간에게는 개인의 속성을 뛰어넘어 행동해야 한다는 원리가 있습니다. 국가 간에도 다르지 않아요. 최근 난민 문제가 긴급한 국제 현안으로 떠오르고 있지요. 풍요로운 선진국들은 생판 모르는 남일지라도 난민을 받아들여 도와주라는 요구를 받고 있습니다. 자국의 문제만으로도 힘에 벅차다는 이유로 난민 문제에 협력하지 않는 태도는 오늘날 국제사회에서 동의를 얻기 힘듭니다.

아리스토텔레스

아니, 롤스 군! 애당초 국가의 모든 행위에 대해 국제사회의 동의를 얻을 필요가 있을까? 난 인간이 폴리스적 동물이라고 생각하네. 인간은 태어날 때부터 다른 이들과 관계를 맺지 않으면 살아갈 수 없는 사회적 동물이야. 그렇지만 그 관계의 대상이 세계라든가 세계화된 사회 같은 추상적이고 실체를 파악하기 어려운 것은 아니라고 보네. 자기와 가까운 가족이 가장 기본적인 관계일 테고, 거기서부터 이웃, 공동체로 점차 관계가 넓어지겠지. 내 말은 우선 우리가 상정할 수 있는 범위는 자기가 속한 폴리스라는 말이네. 가까이 있는 것을 소중하게 여기는 것은 결코 선하지 않은 것이 아니야. 언어나 가치관을 공유하지 않는 이민족과 폴리스의 시민이 함께 살아가는 것은 불가능하네.

칸트

아리스토텔레스 선생님, 죄송한 말씀이지만 지금 인류가 살아가는 시민사회는 도시 국가(폴리스) 안에서 일생을 마치는 고대와는 전혀 달라요. 그런 시대는 벌써 끝난 지 오

이것만은 꼭 알아두자! 난민 문제

맨 처음 국제기관이 난민 문제에 관여한 것은 러시아혁명으로 대량의 난민이 발생하면서였고, 중동 전쟁으로 대량의 난민이 발생하자 팔레스티나 난민구제기관이 설립되었다. 오늘날에는 시리아 내전으로 발생한 대량의 난민이 유럽으로 몰리고 있다. 국제연합에서는 유럽 이외의 여러 나라에서도 난민을 받아들일 것을 요청하고 있다. 문화의 차이도 있을 뿐 아니라 지역 주민과 충돌을 일으키는 일도 잦기 때문에 난민 수용 문제는 전 세계적으로 격렬한 논쟁을 불러일으키고 있다.

래랍니다. 흥미롭게도 선생님이 가르친 마케도니아의 왕자가 제국을 건설하면서 선생님이 이상으로 여기신 폴리스 사회를 뚝딱 해체해버리지 않았습니까? 아리스토텔레스 선생님은 사랑하는 고향이 타국의 침략으로 유린당하는 것을 선이라고 하시지는 않겠지요? 보편적인 규칙을 정하고 전쟁을 방지하는 일은 나라나 향토를 지키는 일이 되기도 합니다. 전 전쟁을 막기 위한 방법을 고심하다가 **국가의 연합체**를 제창했지요. 오늘날 실현되고 있는 국제법이나 국제연합과 비슷합니다.

니체

하하, 국제법과 국제연합이라⋯. 칸트 선생! 그런 규칙은 도대체 누가 어떻게 결정한 거요? 어떤 권한으로 우리를 구속하려고 하는 것입니까? 난 그런 **병적인 사고방식**이 정말 끔찍하게 싫소!

칸트

병적인 사고방식?

니체

생각해보시죠. 우리는 지금껏 무슨 일이 있을 때마다 자기

국가의 연합체　한창 전쟁 중이었던 유럽에서 칸트는 『영구평화론』을 간행했다. 이 책에서는 전쟁을 발생시키는 것을 막기 위해 모두 무기를 버리고 영구적인 평화 상태로 옮겨가야 하며, 자유로운 여러 국가들의 연합체를 결성해야 한다고 주장하고 있다.

병적인 사고방식　니체에 따르면 오랫동안 인간은 종교적 도덕 규범에 의해 늘 신에게 지배당한 채 연약하게 살아가는 것을 선으로 여기는 풍조를 가졌다. 그러나 니체에게 이것은 병적인 사고방식이다. 자신의 인생을 오직 스스로의 힘으로 강하게 긍정하는 삶이야말로 건전하고 건강한 삶이다.

가 원하는 것을 상대에게도 해주어야 한다는 이타주의나 이웃을 사랑하라는 기독교적 도덕을 강요받으면서 움찔거리며 살아왔지 않습니까?

칸트

그게 병적이라는 말입니까?

니체

그래요. 그런 병적인 도덕이 아닌, **권력의지**를 갖고 자기 삶을 당당하게 생각하면서 씩씩하게 행동하는 게 더 좋지 않겠습니까? 기독교 도덕은 약자를 연민하거나 자기들이 약해지는 것이 선이고, 자기들이 강하게 살아가는 것이 악이라고 합니다. 내가 보기에 그건 강자에 대한 질투로 가득 차 있을 뿐만 아니라 강자에게 늘 지배받고자 하는 **노예도덕**에 불과합니다!!

칸트

그렇게 마구 폭언을 쏟아내면 어떡합니까? 선생은 인류의 보편적인 도덕이라 할 의무에 대해서는 뭐라고 할 생각입니까? 아무렇지 않게 내팽개칠 셈입니까?

권력의지 인간이 신의 지배를 받는 것이 아니라 스스로의 힘으로 더욱 강해지기 위해 자기 긍정을 계속하는 상태를 가리킨다. '힘에의 의지'라고도 부른다. 이 말은 니체 사후 곡해되어 나치즘에 이용당하기도 했다. 아들러 심리학에도 커다란 영향을 미쳤다.

노예도덕 강함, 아름다움, 풍부함을 그대로 긍정하는 '귀족(군주) 도덕'과는 대조적으로 약하고 추하고 빈곤한 '노예'는 르상티망(ressentiment, 질투나 복수심)으로 이를 전면 부정한다. 대신 약자에 대한 연민이나 청빈한 생활이 훌륭하다고 역설함으로써 정신적 우위를 차지하려고 한다. 니체는 이것을 '노예도덕'이라고 불렀으며, 기독교가 그 정점에 있다고 공격했다.

첫! 그 따위 인류의 보편적인 도덕이나 의무 같은 관념을 부정할 수 없다면 인간은 언제나 약한 상태로 있어야 할 테지! 지금이야말로 **가치의 전도**가 필요할 때란 말입니다. 그런데 칸트 선생께 질문이 하나 있소. 만약 피를 흘리는 아이를 도와주는 대신 자기가 전차에 치어 죽어야 한다면 어떻게 하겠습니까? 그런데도 자기가 원하는 것을 상대에게도 베풀라 운운하면서 아이를 도와주겠습니까? 그렇게까지 이웃 사랑을 실천할 수 있습니까?

나라면 이렇게 하겠습니다. 나는 살고 싶습니다. 물론 그 아이도 살고 싶겠지요. 왜냐하면 살아가는 것 자체가 인간의 존엄이니까 말입니다. 난 죽을 마음이 한 톨도 없습니다. 따라서 나는 나도 죽지 않고 아이도 죽지 않으리라고 믿고 망설임 없이 도와주겠습니다. 대신 내가 전차에 치어 죽고 말 것이라는 생각 따위는 하지 않습니다.

나 참, 그런 생각이 바로 병적이란 말이오. 건전한 인간이라면 당연히 자기 자신을 더 소중히 여기겠지요. 그리고

가치의 전도 기독교 도덕으로 대표되는 전통 가치의 질서를 뒤엎는 것을 말한다. 니체는 권력(힘)에의 의지에 바탕을 둔 새로운 가치의 필요성을 주장했다.

신은 죽었다 니체가 남긴 유명한 말 중 하나. 기독교적 도덕관으로 길러져온 전통적 가치관이 무너지고, 신이 없는 무의미한 세계(허무주의)가 온다고 선고하는 말이다. 니체는 신이 없는 허무주의 세계 안에서 인간이 어떻게 살아가야 하는가를 강조했다.

강해지고 싶다고 생각할 겁니다. 그게 곧 자유가 아니겠습니까! 어째서 이 점을 솔직하게 인정하지 못합니까? 선생을 구속하고 있는 주박(呪縛)의 정체를 가르쳐드리죠. 바로 노예도덕에서 태어난 기독교적 가르침입니다. 그래서 우리 인간이 건전해지기 위해서는 신이 반드시 죽어야만 했던 겁니다. **신은 죽었습니다!**

칸트

그렇지 않아요. 니체 선생, 자기 자신이 더 소중하다든가 강해지고 싶다는 생각은 인간이 아니라 동물적 본능에 지배당한 것일 뿐입니다. 그런 본능적 경향성을 배제하는 것이 인간의 자유인 것이죠. 자유의지에 의해 우리는 **마음속 도덕법칙**을 끌어낼 수 있습니다. 동물적 자유와 인간적 자유를 혼동해서는 안 됩니다.

니체

아니, 인간도 동물 아닙니까? 모든 사람에게 다 들어맞는 보편적 규칙을 중요하게 여기기 전에 먼저 눈앞에 있는 자기 자신이라는 **실존**과 인생을 적극적으로 긍정하며 살아가

내 마음속 도덕법칙 칸트는 동물적인 본능에 속박당하지 않을 자유의지를 통해 인간들이 각자 마음속에 공통적으로 존재하는 보편적인 도덕법칙(정언명령)을 수행한다고 생각했다. 칸트의 무덤에는 다음과 같이 묘비명이 새겨져 있다. "자주, 그리고 계속 생각할수록 점점 더 경외의 마음을 품지 않을 수 없는 것이 있다. 바로 내 머리 위에 별이 빛나는 하늘과 내 마음속에 있는 도덕법칙이다."

실존 '현실 존재(지금 무엇으로도 대체할 수 없는 살아 있는 나 자신)'를 뜻한다. 합리적이고 보편적인 인간 존재가 아니라, 지금 여기 눈앞에 있는 삶을 가리키는 주체적이고 개별적인 인간 존재를 말한다.

는 삶이야말로 실로 멋지지 않습니까! 대체 무엇이 나쁘다는 말씀이지요? 오히려 그게 건강한 것이 아닙니까?

칸트

선생이야말로 병적인 부분이 있군요. 그런 삶이 바로 이성의 방기입니다. 인생을 긍정하기 위해서라도 다시 한번 곰곰이 생각해보시길 바랍니다. 인류에게 공통된 보편적인 도덕법칙을 추구하면 만인이 납득할 만한 규범을 이끌어낼 수 있지요. 예를 들어 '경찰에게 체포당하니까' 같은 이유가 아니라 '살인은 저질러서는 안 돼' 하고 무조건적으로 생각하는 것, 바로 그것을 **보편적 의무**라고 부를 수 있는 겁니다. 누구에게도 구속당하지 않고, 말하자면 마음속에 있는 보편적 이성의 명령만을 따르는 것이지요.

아리스토텔레스

칸트 군, 그러나 그 도덕법칙에는 현실 사회와 맺는 관계가 전혀 반영되어 있지 않군. 도덕이란 관념적으로 도출할 수 있는 것이 아니라 현실의 인간들이 맺는 사회적 관계로부터 생겨나는 것인데 말이야. 살인 자체를 선이라고는 할 수 없지만, 상대를 죽이지 않으면 자신이 죽는 경우도 있어. 도덕은 현실의 사회적 관계를 바탕으로 고찰해야 하네.

보편적 의무　칸트 철학의 근본을 이루는 논리로 상황이나 결과에 의해('~한다면, ~하라') 행동하는 것이 아니라 무조건적으로 인간을 제약하는 도덕법칙을 말한다. 정언명령의 형식을 취한다.

부조리　『이방인』 등 카뮈의 작품에서 다루어지는 주제의 하나. 카뮈에 따르면 부조리한 상황에서 부조리함을 끝까지 냉정하게 직시하는 태도를 '반항'이라고 한다. 카뮈는 그러한 태도를 매우 높게 평가했다.

카뮈

죄송하지만 잠깐만요. 아까 니체 선생님이 말씀하신 것처럼 나도 보편적인 도덕법칙 같은 일반론은 딱 질색입니다. '도덕적'으로 행동하고 싶은 사람은 그렇게 하면 되겠지만, 세상에는 법을 어기는 이들도 있기 마련입니다. 아까 자기 아이와 남의 아이가 동시에 피 흘리며 쓰러져 있는 상황이라는 예가 나왔는데, 누구든 자기가 도와주고 싶은 쪽을 도우면 그만입니다. 아니면 어느 쪽도 도와주지 않는다는 선택지도 있다고 봅니다. 칸트 선생님의 말씀과는 달리 인간은 완전히 이성적인 존재가 아닙니다. 또 자신의 행동으로 인해 반드시 논리적인 결과가 나오리라는 보장도 없어요. 인간의 운명은 훨씬 **부조리**한 것이 아닙니까? 자기가 구해준 아이가 병에 걸려 죽을 수도 있고, 구해주지 않은 아이가 얼마든지 끈질기게 살아남을 수도 있는 법이니까요. 보편적인 논리로는 설명할 수 없는 일이 이 세상에는 셀 수 없이 차고 넘칩니다. 그런 부조리를 직시하고 자신이 하고 싶은 대로 행동하면 되는 것 아닐까요?

니체

거 참, 카뮈 군의 이야기를 들으니 속이 다 시원하군! 보편적인 가치관 따위는 이미 존재하지도 않아. 우리는 **허무주**

니체의 허무주의(nihilism) '신의 죽음'에 의해 인간의 삶에 목적이나 윤리를 부여하던 가치관(기독교)이 거짓으로 밝혀진다. 이제 세계에는 목적도 윤리도 없으며, 시작도 끝도 없다. 니체는 외부에서 주어지는 모든 가치가 상대화되어 강제로 따를 필요가 없어진 허무주의 시대를 살아가기 위해서는 자기 삶에 스스로 의미를 부여하고 새로운 가치를 창출하는 '초인(Übermensch)'이 되어야 한다고 주장했다.

의 시대를 살고 있다고! 일찍이 서양사회에서는 기독교가 널리 영향력을 미쳤지만, 이제 그런 식으로 미리 신을 상정한 도덕적 가치 따위는 중세 기독교의 몰락, 그러니까 신의 죽음에 의해 파괴되어버렸어. 이제부터는 인간 스스로 가치를 창조해나가야 하는 거지!

저도 한 마디 하겠습니다. 선생님들은 자유가 세계화에 의해 제약된다고 생각할지 모르겠군요. 하지만 저는 오히려 개인주의와 자유주의의 입장에서 공정한 배분을 약속하는 **만인에게 공통된 규칙**의 필요성을 주장하는 바입니다.

'만인에게 공통된 규칙'이라는 것도 현실에서는 세계에서 가장 힘 있는 국가가 정해버리는 것이 아닐까? 이를테면 롤스, 자네 나라인 미국 같은 국가가 말이야.

어떻게 그런 말씀을…. 카뮈 선배님이야말로 파시즘이 돌풍을 일으켰던 20세기를 실제로 경험하시지 않았습니까? 국제적 규범을 잃어버리고 각국의 내셔널리즘이 폭주한 결과로 나치즘의 끔찍한 악몽이 펼쳐졌잖아요.

만인에게 공통된 규칙(만민법) 로마 제국은 상이한 법 체제를 가진 외국인과 로마 시민 사이의 문제를 해결하기 위해 쌍방에 공통 적용될 법 조항을 조정했다. 여기서 유래한 법체계가 만민법이다. 롤스는 국내법을 뛰어넘는 만민법에 대해 이야기했다.

글로벌리즘도 내셔널리즘도 논의할 바 못 된다 니체는 사후 나치에 이용되기도 했지만, 자신은 내셔널리즘이나 민족주의에 반대했다. 니체가 비판한 대상은 유대교와 기독교에 의한 '노예도덕'일 뿐, 유대인 자체는 아니다.

니체

흠, 내 생각에는 **글로벌리즘도 내셔널리즘도 논의할 바 못 돼.** 결국 양쪽 다 누군가의 노예가 되는 셈 아닌가? 타자가 명령을 내리는 대로 의무를 짊어지는 것이 아니라 오직 자신의 의지로 스스로의 삶을 정해야 하는 걸세.

소크라테스

니체 군은 처음부터 세계라든가 지역 같은 논의 자체를 부정한다는 말인가? 그렇다면 자네에게는 오직 자기 자신이 의미의 모든 것이겠군.

롤스

니체 선생님, 무엇보다 개인이 중요하다는 말씀에는 동감입니다. 특정한 공동체에 귀속된다면 개인의 동의와 상관없이 불합리한 의무를 짊어져야 하니까요. 저와 입장이 다른 공동체주의라고 부르는 일파는 특정 공동체에 대한 연대나 충성을 바탕으로 앞으로 태어날 구성원의 의무까지 강조합니다. 국가가 개인의 동의를 무시한 채 어쩌다가 자신이 소속하게 된 공동체에 충성을 맹세해야 한다는 것은

이것만은
꼭 알아두자!

공동체주의(communitarianism)

공동체주의는 각각의 공동체와 맺는 관계성 안에서 개인을 존중하는 현대사상이다. 모든 인류에게 해당되는 공통 규칙(만민법)이 있다는 입장이나 개인을 우선시하는 자유주의적 입장을 비판한다. 이 사상은 도시국가를 세워 정치의 참여를 실현해온 고대 그리스인, 특히 아리스토텔레스의 영향을 강하게 받았다. 알래스데어 매킨타이어(Alasdair MacIntyre)나 마이클 샌델(Michael Sandel) 등이 대표적인 사상가다.

사회계약론적 관점으로 보더라도 천박한 논의입니다. 특정한 집단에 속하는 것은 국익의 배분 같은 이익보다는 출신이나 소속에 의한 차별을 낳는 원인이 되기 십상이지요.

롤스 군, 과연 그럴까? 자기가 속한 공동체로부터 완전히 독립한 채 모든 의무를 거부하기란 불가능하지 않을까? 인간관계의 질서 원리로 **필리아(우애)**라는 것이 있네. 우애는 공동체에서 살아가는 인간이 상대의 행복을 빌어주는 사랑을 말하지. 그 전제는 공동체를 지킨다는 데 있어. 동의가 있든 없든, 우리는 자기가 살아가는 사회 안에서 자신의 능력을 최대한 발휘함으로써 인간의 선을 전면적으로 실현해야 하지 않을까?

호오, 그럴까요? 옛날에 제 별장을 관리해주던 친구는 선주민(인디언)이라는 이유로 학교에 갈 수 없었다고 털어놓았습니다. 그는 아무 나쁜 짓을 하지 않았는데도 그런 처사를 받아야 했어요. 개인의 동의 없이 자기가 살아가는 공동체의 역사나 책임을 **서사로서 수용**하고 짊어져야 한다면, 그것을 도덕적으로 올바르다고 하기는 힘들지 않을까

필리아(philia) 공통 선에 대한 가치나 목표에 근거한 감정의 형식을 가리킨다. 아리스토텔레스는 이를 매우 중시했다. 어디까지나 자발적인 것으로 법률적 강제를 필요로 하지 않는다.

서사로서 수용하다 공동체주의의 대표적 사상가인 매킨타이어는 자신이 속한 공동체를 통해 인간은 '서사'를 엮어나간다고 생각한다. 그리고 그것이 산출하는 공동체적 정체성에 기초해 자기 행위를 규정하는 것을 선이라고 주장한다.

요? 그런 원리에 따르면 결국 개인은 공동체라는 서사에 의해 의무를 짊어지고 억압당할 우려가 충분히 있어요.

칸트

롤스 선생, 잠깐만 진정하지. 의무라는 말이 다양한 뜻으로 사용되는 것 같은데, 정리를 좀 해보겠습니다. 우선 아리스토텔레스 선생님이 지적한 공동체주의의 입장에서 본 공동체적 의무가 있는가 하면, 롤스 선생이 말하는 동의에 의해 비로소 발생하는 의무도 있습니다. 그리고 인류에게는 보편적 의무가 있다고 생각하지요. 반면 니체 선생이나 카뮈 선생은 보편적이라는 말이라면 손사래를 치며 두드러기 반응을 일으키고 있고…. 그런데 개인의 의지가 실존이 되는 행위의 선택, 즉 **격률**이야말로 인류 전체에 공통되는 보편의 규칙이라고 해도 별 모순은 없지 않을까요?

간디

저도 한 마디 거들어보겠습니다. 글로벌이라느니 세계화라느니, 확실히 혼란스러운 문제인 것 같군요. 그러나 제가 보기에는 양쪽의 입장이 실은 서로 연관 있는 것 같습니다.

소크라테스

아, 그러니까 간디 군의 말은 양쪽 의견이 완전히 상반되

격률(格率) 격률(格律)이라고도 한다. 칸트의 정의에 의하면 자기 행위의 주관적인 행동 원리를 가리킨다. 자신의 행복을 목적으로 삼는 원리지만, 격률만으로 보편성이 있다고는 할 수 없다. 칸트는 "자기 의지의 격률이 늘, 보편적 입법 원리가 될 수 있게끔 행동하라"고 함으로써 개인의 격률과 보편적인 도덕법칙의 일치를 역설했다.

지 않는다는 말인가? 자네는 인도 독립운동의 정신적 지도자였지? 그런 점에서는 민족주의의 입장을 취할 줄 알았는데….

간디

그러셨군요. 저는 영국의 소금 전매법을 반대하기 위해 인도 북서부의 해반까지 걸어갔습니다. 소금을 만들기 위해, 그리고 독립을 쟁취하기 위해서 말입니다. 짐작대로 해안가에서 대기하고 있던 많은 영국 경찰대원들이 우리를 곤봉으로 후려쳤지만, 우리는 끝까지 비폭력을 견지하며 정신적 저항으로 일관했지요. 이 운동이 전 세계로 보도되면서 영국의 식민지 정책은 국제적인 비판의 도마 위에 올랐습니다. 우리의 비폭력 운동은 인도 국민에게 독립을 호소하는 민족운동인 동시에 모든 인류를 동포로 여기도록 국제 여론에 호소하는 세계적 운동이었던 셈입니다. 공동체를 향한 사랑과 인류에 대한 사랑은 모순을 일으키지 않아요. 실제로는 서로 관련되어 있다고 생각합니다.

간디와 소금의 행진

인도에서 영국 식민지 정부가 제정한 소금 전매법에 반대한 간디는 약 360km를 29일 동안 행진하며 해안에서 '불법'으로 소금을 제조했다. 비폭력주의에 따라 펼친 이 항의 활동은 순례를 방불케 했으며, 인도인들의 열광적인 지지를 얻어 인도 독립운동을 촉진했다.

소크라테스

과연 듣고 보니 그렇군. 세계화가 진행되는 가운데 잊혀가고 사라져가는 고향이나 공동체에 대한 위기감이 커지고 있네. 아리스토텔레스 군은 공동체 안의 사회적 역할을 강조한 반면, 롤스 군은 공동체에 귀속함으로써 개인이 동의하지 않는 짐을 짊어질 위험성을 지적했네. 또한 칸트 군은 공동체 및 동의를 초월한 보편적인 의무를 설명해주었고. 특히 민족을 의식할 때 우리는 다른 민족에 대한 신뢰도 의식할 수 있다는 것, 민족끼리는 동포로서 더불어 관계를 맺고 서로를 돕고 있다는 것. 이렇게 대립하는 두 가지 입장을 정리해준 간디 군의 논리가 내 마음속에서 아름답게 메아리쳤다네.

토론자들의 주장 정리

❶ 인간 사회는 넓은 동의에 의해 운영되므로 세계화를 우선시해야 한다. (롤스)
❷ 세계화를 진전시키고 영구적인 평화를 위한 국가연합을 만들어 평화를 지향해야 한다. (칸트)
❸ 민족, 국가, 고향에 대한 사랑과 인류 전체에 대한 사랑은 양립할 수 있다. (간디)
❹ 공통의 가치관을 지닌 공동체, 나라 등이 우선이다. (아리스토텔레스)
❺ 개인의 의지가 가장 중요하며 글로벌리즘도 내셔널리즘도 가치가 없다. (니체)
❻ 눈앞에 있는 개인의 의지가 전부다. (카뮈)

ROUND 07

인간이 역사를 만드는 걸까, 아니면 다른 원동력이 있을까?

헤겔은 철학의 중요한 문제로 역사에 관심을 기울였다. 반면 키르케고르는 헤겔의 영향을 받으면서도 독자적인 이론으로 그와 반대 입장을 고수했다. 이 두 사람이 주고받는 토론이 펼쳐내는 역사와 자유, 그리고 개인이란?

역사에는 법칙이 있다

게오르크 헤겔
Georg Wilhelm Friedrich Hegel

끈질긴
이성 탐구자

출신 / 독일
생몰년 / 1770년~1831년
좌우명 / 세계사는 곧 자유의식의 진보 과정이다

칸트의 독일 관념론을 체계화해 완성시켰다고 평가받는 철학자. 변증법 철학을 제창했으며 이를 계승한 헤겔학파에 큰 영향을 미쳤다. 대표 저서로는 『역사철학강의』, 『정신현상학』 등이 있다.

역사를
움직이는 것은
무엇인가?

개인의 주관적인 삶이 역사를 만든다

쇠렌 키르케고르
Søren Aabye Kierkegaard

실존주의의
선구자

출신 / 덴마크
생몰년 / 1813년~1855년
입버릇 / 자신이 그것 때문에 살고, 또 죽고 싶다고
생각하는 진리(이데Idee)

철학자이자 신학자. 헤겔의 영향을 받았으나 그 후
반대 입장으로 돌아섰다. 주관주의에 기초한 독자
적인 철학을 제창해 실존철학의 선구자로 여겨진
다. 대표 저서로는 『이것이냐 저것이냐』, 『불안의
개념』, 『죽음에 이르는 병』 등이 있다.

음, 역사는 거대한 법칙에 따라 진보해가는 것일까? 아니면 한 사람 한 사람의 주체적인 삶이 원동력일까? 이번 토론에서 인류의 역사를 움직이는 힘의 정체를 밝혀보세.

으음, 역사의 배후에 뭔가 거대한 법칙이 있다는 말은 들었습니다만, 머리에 딱 떠오르지는 않는군요. 우리의 실존적인 삶 그 자체가 바로 역사를 만들어간다고 생각하는 것이 자연스럽지 않나요?

호오, 실존사상의 선구자로 불리는 키르케고르 군이군. 잘 와주었네. 이 토론을 위해 자네 선배인 헤겔도 불렀다네.

흠흠, 역사의 법칙성에 대해 이야기한다면 나보다 더 적임자는 없을 겁니다. 유럽 근대의 역사관은 내가 제시한 역사관인 서서히 **자유로 향하는 역사**, 즉 자유와 진보주의의 영향을 직접 받고 있으니까요. 마르크스의 **사적 유물론**도 내 생각의 변형에 지나지 않아요.

자유로 향하는 역사　헤겔은 역사가 이성의 지배 받고 있다고 생각하고, 역사를 움직이는 주체인 이성을 '세계정신(절대정신)'이라고 불렀다. 세계정신의 본질은 자유이며 역사적으로 단계적으로 자기 전개를 해가면서 인간의 자유를 실현한다고 생각했다.

사적 유물론(史的唯物論)　마르크스주의의 유물론적 역사관. 헤겔 변증법의 영향을 받으면서도 역사를 움직이는 원동력을 관념이 아닌 물질적 생산력(생산수단과 노동력)과 생산관계(이를테면 자본가와 노동자 같은 관계)로 보았다. 마르크스주의는 생산력과 생산관계의 모순이 계급투쟁과 혁명을 낳음으로써 역사가 필연적으로 자본주의에서 사회주의로 이행한다고 보았다.

소크라테스

허허, 그런가? 그럼 기대해봄세. 이번 라운드에서는 독일 관념론의 대가인 헤겔과 실존주의의 선구자인 키르케고르, 이 두 사람에게 주거니 받거니 논쟁을 펼쳐달라고 부탁하겠네.

헤겔

우선 인간의 역사는 자유를 위해 움직이고 있다는 점을 지적해두고 싶습니다. 인간은 누구나 더욱 자유로워지고 싶다고 생각하니까요. 역사는 현재 자신의 모습(정/테제)을 부정(반/안티테제)함으로써 더욱 더 자유로운 모습(합/진테제)으로 나아갑니다. 이 과정을 반복함으로써 진보하고 자유를 실현해가는 거죠. 이러한 원리를 **변증법**이라고 합니다.

키르케고르

우와, 헤겔 선배님. 느닷없이 추상적인 말씀부터 하시는군요. 아무래도 선배님은 관념론의 화신답게 관념적이어도 너무 관념적이라는 생각이 듭니다. 좀 더 구체적으로 말씀해보지 않으시렵니까?

헤겔

흥, 그렇게 추상적인가? 알았네. 그러면 이번에는 특별히 좀 더 현실적이고 구체적인 예를 들어볼까? 아, 그렇지, 전

변증법(辨證法) 어떤 입장을 긍정하는 단계인 테제(정)와 그 입장을 부정하고 두 입장이 서로 모순을 일으켜 대립하는 단계인 안티테제(반)가 서로 충돌하고 대립함으로써 더욱 고차원인 진테제(합)로 종합되어 발전한다는 사고를 뜻한다. 이러한 작용을 지양(止揚)이라고 한다. 좀 더 넓게 생각하면, 논의에 의해 더 고차원적인 본질을 도출하는 방법을 뜻하기도 한다.

화를 예로 생각해보면 어떨까? 집 전화는 멀리 떨어져 있는 사람끼리 대화할 수 있지만 바깥에서는 사용할 수 없어. 이런 점에서 집 전화를 테제라고 하면, '바깥에서 사용할 수 없다'는 입장이 안티테제로 나타나네. 이 두 가지 다른 입장을 발전시키면 진테제인 공중전화가 될 테고.

키르케고르

감사합니다. 헤겔 선배님치고는 꽤나 구체적인 예를 들어주셨군요.

헤겔

이제 변증법이 어떤 것인지 이미지가 좀 떠올랐나? 하지만 공중전화로 끝나지 않고 거기서 더욱 발전시킬 수 있지. 진테제였던 공중전화가 테제 자리에 오면 '이동하면서 사용할 수 없다'는 안티테제가 나타나니까 말이야. 이렇게 사람들은 '바깥에서'와 '이동하면서'라는 두 가지 기능을 합친 전화를 생각해냈어. 그래서 무엇이 생겨났지?

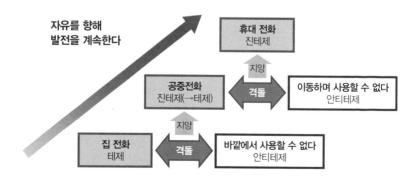

자유를 향해
발전을 계속한다

휴대 전화
진테제

지양

격돌

이동하며 사용할 수 없다
안티테제

공중전화
진테제(→테제)

지양

격돌

집 전화
테제

바깥에서 사용할 수 없다
안티테제

아, 알아요. 휴대 전화!

맞아, 휴대 전화! 이렇게 사람들은 더욱 고차적인 것, 자유로운 것을 만들어가는 걸세. 대립하는 것들을 종합하는 것으로 발전은 끝나지 않아. 오늘날 휴대전화는 텔레비전이나 카메라의 기능뿐 아니라 컴퓨터 역할까지 해내고 있어. 바로 스마트폰이 탄생한 거지. 집 전화밖에 없었던 시대에 비해 확실히 인류의 역사는 자유로워졌어. 이렇게 인간은 자유를 향해 차곡차곡 앞으로 나아가는 걸세.

과연 그렇군요. 헤겔 선배님이 생각하는 변증법에 대해 조금 알 듯도 합니다. 그러나 나는 전화 같은 물건이 아니라 인간 자신의 발전이나 자유의 획득에 대해 이야기하고 싶은 걸요. 실제로 현대인은 전혀 자유로워 보이지 않아요. 만약 인류가 보편적 자유를 향해간다는 진리가 확실하다면, 모두들 얼굴에 함박 미소를 띠며 매일매일 행복하게 지내겠지요. 그렇지만 헤겔 선배님처럼 보편적 진리를 찾는 일이 '나'한테는 도대체 무슨 의미가 있습니까?

하아, 어쩔 수 없군. 좋아! 그러면 『역사철학강의』부터 설

헤겔의 변증법과 지양 헤겔은 모순과 대립의 두 가지 입장을 종합함으로써 세계가 점차 자유를 향해 진보해간다고 생각했다. 모순과 대립이라는 두 가지 입장을 종합해 고양시키는 작용을 지양이라고 부른다. 부정하고 고양한다는 뜻이다.

ROUND **07** 역사를 움직이는 것은 무엇인가?

129

명해주지. 실은 아까 한 이야기는 인간 역사에 적용해서도 말할 수 있어. 예를 들어 전근대 중국에서는 전제군주 한 사람에게만 자유가 있었고, 그리스나 로마에서는 소수 지배계급에게만 자유가 있었네. 그러나 유럽을 **게르만 민족이 지배**하게 되자 더 많은 사람들이 자유로워졌지. 그러니까 세계사는 곧 자유의식의 진보 과정이라고 할 수 있네.

키르케고르

우리 게르만 민족에게 상당히 유리한 역사관처럼 들리는 걸요….

헤겔

역사는 자유가 조금씩 실현되어가는 과정이고, 거기에는 법칙이 있다는 이야기일세. 그러니까 말하자면 세계사의 발전을 이끄는 **세계정신**이라고 할까, 다른 식으로 말하면 신의 섭리라고도 할 수 있겠지.

키르케고르

헤겔 선배님이 말씀하시는 자유는 현재를 살아가는 인간이라는 개체성과 주체성, 다시 말해 지금 살아 있는 자신인 '현실 존재(실존)'를 외면하는 것은 아닐까요? 모두가 자

게르만 민족이 지배 헤겔은 대표작인 『역사철학강의』에서 그리스 대 페르시아, 로마 대 그리스와 같은 서양사 속 대립과 화해에 대해 언급하고 있다. 게르만 민족과 로마의 대립(민족대이동)과 화해(게르만 민족의 기독교 수용)도 변증법을 통해 자유로 나아가는 발전 과정의 하나로 보았던 것이다.

세계정신(Weltgeist) 절대정신, 세계이성이라고도 한다. 역사 속에서 자유를 향해 자기 전개를 해나가는, 세계의 주체가 되는 정신을 말한다. 역사적 시간 속에서 인간, 사물, 사건 등의 배후에서 스스로 본질(자유)을 추구해나간다. 헤겔은 세계정신이 의도하는 이 활동을 가리켜 '이성의 간지'(이번 라운드 135쪽 참조)라고 불렀다.

유로워진다든가 역사적으로 자유를 획득하는 것이 대체 '나'와 무슨 관계가 있다는 말씀입니까? 현재의 내가 바로 그것 때문에 살고 싶고, 또 죽고 싶다고 생각하는 진리야 말로, 그러니까 **주체적 진리**야말로 중요한 것입니다.

자유는 개인의 내면에서 만들어진다는 말인가?

내면적 진실이라고 해야겠지요.

그렇지만 과연 자네가 하는 말이 올바른 논의일까? 자유란 개인의 내면에서가 아니라 국가를 통해 실현하는 것이라고 생각하네만.

국가를 통해서 실현한다고요? 역시 헤겔 선배님은 독일인이시군요. 하지만 국가보다 개인이 먼저 있는 것 아닌가요? 개인보다 국가를 중시하는 것은 곧 본래적인 인간존재를 경시하는 것 아닙니까?

흠, 그러고 보니 자네는 덴마크 출신이군. 뭐, 그건 아무래도 좋네. 난 개인의 존재를 경시하고 있는 것은 아니야. 좀

주체적 진리　나 자신이 바로 그것 때문에 살고 싶고, 또 죽고 싶다고 생각하는 진리를 가리킨다. 키르케고르의 사상적 특징을 이루는 개념으로서 누구에게나 해당하는 보편적 진리가 아닌, 개인의 개별적이고 구체적인 진리를 말한다.

더 설명하지. 우리는 태어나면서부터 이미 가족이라는 집단에 속해 있지. 가족은 사랑이라는 끈으로 묶여 있지만 개인의 개별성이나 자유를 빼앗지. 그리고 가족 안에서 기능하는 도덕 규칙은 개별적이고 주관적이야.

키르케고르

인생 최초의 모순이 가족이라는 말씀입니까? 그렇다고 해도 개별적이고 주관적인 규칙이 나쁘다고 할 수는 없지 않습니까? 개별성이야말로 인간적인 것이니까요.

헤겔

음, 그렇지만 개별성을 주장하는 것만으로 사회는 자유로워지지 않아. 역사와 마찬가지로 사회도 모순을 극복해야만 비로소 앞으로 나아갈 수 있는 거야. 인간은 가족으로부터 시민사회로 이행하고, 욕망이라는 질서가 사람들을 지배하는 바로 그곳에서 경쟁에 내몰리는 것이네.

키르케고르

시민사회 안에서 사람들은 당연히 이익을 추구하면서도

이것만은 꼭 알아두자!

독일과 덴마크

헤겔과 키르케고르의 시대에 여러 소국들의 연합 상태였던 독일은 근대 국가의 통일로 나아가려는 열기가 점점 뜨거워지고 있었다. 이때 독일에서는 독일계 주민이 많았던 덴마크 남부 슐레스비히홀슈타인(Schleswig-Holstein)을 덴마크에서 분리해 자신들에게 소속시키자는 주장까지 나온다. 결국 1848년에서 1851년, 그리고 1864년 두 차례에 걸쳐 발생한 전쟁(슐레스비히 전쟁)으로 덴마크 남부는 프로이센과 오스트리아에 속하게 된다. 이로 인해 당시 독일과 덴마크는 민족주의적 대립 상태에 있었다.

서로의 이해관계가 상충하는 모순을 일으키겠지요.

그렇지. 따라서 객관적인 규칙으로서 법률이 탄생하는 거야. 법률은 획일적이네.

획일적인 규칙에 지배당한다면 자유의 실현과 정반대 상태가 될 것 같은데요. 그렇다고 주체적인 실존 때문에 사람들이 올바른 결단을 내리지 못해도 안 될 테니까, 이런 상황에서는 규칙을 정해야 다툼이 생기지 않을 것입니다. 역시 헤겔 선배님도 이 점을 고민하는 것 아닌가요?

저기, 잠깐만! 내 이야기는 아직 끝나지 않았어. 끝까지 잘 듣게. 가족과 시민사회를 변증법적으로 발전시키면 **국가**가 탄생하거든.

시민사회 안에서 이해관계의 충돌이 일어난다면, 거기서

헤겔이 생각한 국가 '가족'과 '시민사회'의 변증법적 발전에 의해 '국가'가 성립한다.

국가
(인륜의 완성)

지양

객관적 시민사회
(욕망의 체계)

격돌

안티테제
경쟁과 불평등

지양

주관적 가족
(사랑의 결합)

격돌

안티테제
자유와 자립을 빼앗아버린다

발전한 국가에서는 빈부격차나 계급 차별이 생기겠네요.

그렇지 않아. 각 개인의 이해 충돌을 더욱 고차원적으로 해결하기 위한 공동체가 국가라는 점을 이해하게. 개인의 주관적 **도덕**과 사회의 객관적 **법**이 변증법에 의해 통합된 국가에서 **인륜**이라는 질서로 완성된다는 말이네.

주관과 객관이 다 중요하다는 점은 이해하겠습니다. 그러나 그 둘이 부딪쳤을 때 어느 쪽을 취할까라는 결단은 이루어져야 한다고 생각합니다. 변증법적 발전이라는 관념적인 말은 현실 세계를 반영하지 못하는 것 같아요.

흠, 현실 세계라…. 가족에서 시민사회, 국가로 나아가는 역사적 흐름을 생각하는 가운데 현실적인 것이 있지 않을까? 그러니까 현실적인 것은 이성적이고, 이성적인 것은 현실적이 아닌가 말일세.

헤겔이 말하는 도덕, 법, 인륜 주관적 규칙인 '가족의 도덕'과 객관적 규칙인 '시민사회의 법'의 변증법적 발전에 의해 두 가지를 종합한 '인륜'이 성립한다.

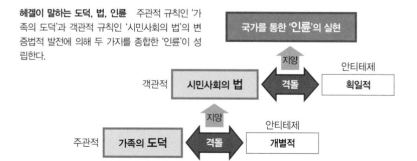

키르케고르

휴우, 그게 좀…. 좀 더 구체적으로 말씀해달라니까요. 이야기가 너무 관념적이지 않습니까? 인간을 자유로 나아가도록 하는 것이 무엇이라고 생각하십니까?

헤겔

예컨대 지금 말한 역사를 분석해보게. 인간을 자유로 향하게 하는 것은 아까도 언급한 '세계정신'이야. 세계정신은 개별 인간들을 이용해 역사 속에서 자신의 자유를 실현하지. 나는 이것을 **이성의 간지**라고 부르고 있네만.

키르케고르

세계정신이라고요? 그것은 개개의 이성과 어떻게 다릅니까?

헤겔

세계를 총괄해 지배하는 원리라는 의미네.

키르케고르

어휴, 난 그런 건 믿지 않아요. 인간이 스스로 **결단**해야지요. 현실 세계란 한 사람의 인생 그 자체에, 결단하는 가운데 있는 것 아닙니까? 한 사람이 주체적 진리를 발견하고 그 누구의 인생도 아닌 자기 자신의 인생을 사는 것이야말로 자유라고 생각합니다.

이성의 간지(奸智) 이성의 간계라고도 한다. 헤겔의 역사철학에서 나오는 개념이다. 비슷한 사상으로 애덤 스미스의 '보이지 않는 손'이 있다(라운드1 34쪽 참조). 철학사적 흐름을 잇는 개념이다.

결단 인생의 매순간마다 '이것도 좋고 저것도 좋고'가 아니라 '이것인가 저것인가'를 앞에 놓고 하나를 스스로 주체적으로 선택하는 것을 말한다.

그렇게 생각하는 건 자네의 자유겠지. 하지만 구체적으로 어떻게 주체적 진리를 발견한단 말인가?

난 선배님 말처럼 모든 것이 상승곡선을 그리며 자동적으로 진보해나간다고는 생각하지 않습니다. 인생은 다양한 갈림길에서 선택을 거듭하며 질적으로 비약하니까요.

질적인 비약? 구체적으로 말하면 어떤 거지?

인간은 누구나 쾌락을 통해 질적인 비약을 추구합니다(미적 실존). 그러나 그것이 일시적인 쾌락이라는 데 절망합니다. 금방 싫증을 느끼고 따분해지고 우울한 기분에 빠지죠. 이 대목에서 선배님의 변증법 논리를 좀 빌리겠습니다만, 그래서 인간은 미적 실존 상태와 결별하고 다음 단계로 나아갑니다. 다시 말해 스스로 계단을 올라가는 거지요. 인생은 에스컬레이터처럼 저절로 올라가는 계단이 아닙니다.

실존의 세 단계

키르케고르는 인간의 삶이 세 단계를 거쳐 심화된다는 실존 변증법을 주장했다.
① 미적 실존 (쾌락의 추구)
② 윤리적 실존 (의무나 규범에 복종)
③ 종교적 실존 (단독자로서 신과 마주함)

①단계와 ②단계에서는 향락에 싫증을 내거나 자신의 무력함을 깨닫고 절망에 빠진다. 그러나 그것을 극복하고 '단독자'로서 '신'과 마주하면(③) 참된 실존에 이를 수 있다.

헤겔

후후, 내가 말한 변증법적 설명을 이용하다니…. 자네 역시 변증법이 보편적으로 올바르다고 느끼는 것 아닌가?

키르케고르

그건 아닙니다. 제 얘기는 좀 달라요. 헤겔 선배님이 말씀하신 것은 양적이고 보편적인 변증법이지요. 제가 말하는 변증법은 '세계이성'이 균일하게 추진하는 것이 아닙니다. 한 사람 한 사람의 결단을 말해요.

헤겔

결단에 관한 이야기를 더 해보게. 아까 미적 실존까지 이야기를 했었지? 그 다음은 뭔가?

키르케고르

'미적 실존' 상태에 절망한 인간은 결단에 의해 가족이나 직업을 갖고 윤리적으로 살아가는 '윤리적 실존'으로 비약합니다. 양심을 갖고 엄숙하게 살아가는 태도를 취하지요. 그러나 이때도 인간은 '윤리'에 부합하지 않은 스스로를 계속 책망하고 절망합니다.

**키르케고르의
실존 변증법 이미지**

원동력 = 개개인의 실존적 결단

**헤겔의
변증법적 발전 이미지**

원동력 = 세계정신

헤겔

역시 '가족'은 하나의 키워드가 되는군. 그러나 거기서 멈추지 않는다는 말이고.

키르케고르

맞아요. 완벽한 인간은 없으므로 인간은 반드시 절망합니다. 그리고 이성에 비추어 부조리한 종교적 진리, 신앙의 진리로 다시금 비약하는 것입니다. 바로 그때 인간은 '신' 앞에 오로지 혼자 서 있는 **실존적 단독자**가 되어 주체적 진리를 획득하기에 이릅니다. 이렇게 스스로의 결단을 통해 우리는 미적 실존, 윤리적 실존, 종교적 실존으로 비약해가는 거죠. 이제 좀 이해하시겠어요? 헤겔 선배님! 우리 배후에는 역사를 움직이는 보편적 진리 따위가 버티고 있는 것이 아닙니다. 역사의 각 장면에는 우리 인간의 주체적이고 개별적인 결단이 있을 따름이에요.

헤겔

키르케고르 군은 '신' 앞에 오로지 혼자 서 있다고 했는데, 그것 역시 관념적이지 않은가? 게다가 나는 주관적인 정신을 부정하는 것이 아니네. 주관적 정신이 있기 때문에 안티테제로서 객관적 정신이 나타나고, 이 둘이 통합되어 역사는 발전하는 거니까. 문제는 키르케고르 군이 주체적 입장만 중시한다는 점일세. 인간은 주관과 객관 사이에서

실존적 단독자(신 앞에 선 단독자) 신 앞에 오로지 혼자 서 있는 자가 참된 기독교인이며, 거기에 이르는 길을 추구하는 것이 키르케고르의 사상이다. 이를 위해 필요한 것이 주체적 진리다.

방황하면서 자유를 실현하는 존재가 아니겠나?

소크라테스

흐음, 듣고 있자니 두 사람은 문답법을 실천하는 것 같군. 헤겔 군이 말했듯 역사는 배후에 있는 세계정신에 의해 움직이고 있을지도 모르지. 그러나 키르케고르 군이 말한 것처럼 인간 스스로의 주체적 결단에 의해 움직이고 있다고도 할 수 있을 거야.

역사를 고찰하는 의미는 도대체 어떠한 의지가 작용해 자신이 행동을 결정하고 있는지 생각하는 데 있어. 이를테면 오늘도 우리는 공부나 일을 하지. 이것은 공부하거나 일하도록 조종당하기 때문일까? 아니면 자기 의지에 의한 걸까? 조종을 당하고 있다면 무엇이 조종하는 것일까? 다음 라운드에서는 '구조'라는 관점에서 인간 행동에 대한 논의를 심화시켜보기로 하세.

토론자들의 주장 정리

❶ 보편적 진리(세계정신)에 의해 자유를 향해 나아가는 것이 역사다. (헤겔)
❷ 보편적인 사회나 역사의 분석보다는 개인의 주체적 진리가 중요하다. (키르케고르)

ROUND 08

구조주의와 실존주의, 20세기 최대의 쟁점!

20세기 사상계의 양대 산맥으로 실존주의와 구조주의가 있다. 인간의 주체성이 가장 중요할까? 아니면 인간은 구조적으로 사고하는 존재일까? 언어학적 관점과 문학적 사고를 포괄해 동시대 프랑스인이 내놓은 결론은?

사회구조다

클로드 레비스트로스
Claude Levi-Strauss

구조주의의 일인자

출신 / 프랑스
생몰년 / 1908년~2009년
입버릇 / 야생의 사고

프랑스와 미국 등에서 활동한 민속학자이자 사회인류학자. 연구를 통해 체계화한 방법론인 구조주의로 20세기 후반 사상적으로 큰 각광을 받았다. 실존주의자 사르트르를 비판한 일로도 알려져 있다.

페르디낭 드 소쉬르
Ferdinand de Saussure

근대 언어학의 아버지

출신 / 프랑스
생몰년 / 1857년~1913년
좌우명 / 언어는 차이의 체계

언어학자로 비교언어학을 공부하고 언어학으로 기호론을 전개했다. 레비스트로스 등의 구조주의에 큰 영향을 미쳤다. 『일반언어학 강의』, 『인도유럽어의 원시 모음체계에 관한 논고』 등의 저서가 있다.

사회와 자신, 행동을 정하는 것은 어느 쪽인가?

자신의 실존이다

미스터 실존주의

장 폴 사르트르
Jean Paul Sartre

출신 / 프랑스
생몰년 / 1905년~1980년
좌우명 / 실존은 본질에 앞선다

프랑스의 문학자이자 철학자. 노벨문학상을 거절한 사건이 유명하다. 대표적인 실존주의 철학자로 문학계에도 실존주의 문학의 물결을 크게 일으켰다. 대표 저서로는 『실존주의란 무엇인가』, 『구토』 등이 있다.

알베르 카뮈
Albert Camus

여기에서도 논쟁

출신 / 프랑스
생몰년 / 1913년~1960년
입버릇 / 부조리

프랑스의 작가이자 철학자. 인생의 부조리를 그려낸 주요한 저서로 『이방인』, 『페스트』 등이 있으며, 제2차 세계대전 때는 레지스탕스에도 참가했다. 1952년에 발표한 수필 『반항적 인간』을 둘러싸고 사르트르와 논쟁을 펼쳤다.

43세의 젊은 나이에 노벨문학상 수상

소크라테스

우리 인간은 모두 각자 따로따로 사고하고 있을까? 아니면 어떤 동일한 규칙이나 공통된 사고를 갖고 살아갈까? 앞서 7라운드에서는 이러한 문제의식을 놓고 역사를 주제로 헤겔 군과 키르케고르 군이 뜨거운 논쟁을 펼쳐주었네. 근대 시기 서양은 개인주의적 경향이 강화되는 추세였지만, 20세기 들어서는 '구조주의'라고 일컫는 인간의 '공통성'에 초점을 맞춘 사고방식이 등장했지. 이 자리에서는 구조주의의 대표적 논객 네 사람을 불러 각자 주장을 들어보기로 하세.

레비스트로스

자, 그럼 저부터 얘기해보겠습니다. 결론적으로 말하면 제가 했던 조사 방법, 즉 **현지 조사**에 따르면 모든 사람에게 적용되는 공통적인 구조가 있다고 생각합니다. 예컨대 문명사회와 미개사회를 비교해보지요. 두 사회는 서로 다른 사고를 가지고 있지만, 공통적으로 둘 다 '논리'에 따라 행동하고 있다는 것을 잘 알 수 있습니다.

사르트르

이봐, 레비스트로스! 지금 자네는 인간의 공통성을 주장하

현지 조사(fieldwork) 야외 조사 활동을 가리키는 말로 생물학 등의 학문에서는 현지 조사와 연구를 진행한다. 문화인류학도 현지에서 연구 대상과 함께 생활하며 현지 사람들과 대화하거나 인터뷰를 시행한다.

인간과 사물의 차이

인간은 스스로
의미를 만들어낸다.

사물은 의미(용도)가
있어야 만들어진다.

는 것 같은데, 난 인정할 수 없네.

레비스트로스

왜 그러한가?

사르트르

인간은 본래부터 고유한 의미 없이 이 세계에 존재하는 거야. 그리고 각자 책임을 갖고 스스로를 만들어갈 뿐이지. 예컨대 연필은 무언가를 쓰는 도구라는 공통된 의미를 갖고 이 세상에 존재하네. 커피 잔은 어떤가? 그래, 커피를 마시기 위한 물건이야. 말하자면 본질(의미)이 실존(존재)에 앞서는 것이지. 그렇다면 인간은 무엇을 위해 존재하는가? 연필이나 커피 잔과는 다르지. 인간은 스스로 의미를 만들어낼 자유를 지니고 있으니까. 한마디로 실존(존재)이 본질(의미)에 앞서는 것이지. 눈앞에 공통적으로 주어진 의미가 없다면, 자기 가능성을 선취해 개별적이고 주체적인 선택과 더불어 살아가는 것이 인간이네. 말하자면 인간은 **기투적 존재**인 것이지.

레비스트로스

사르트르! 자네는 인류에게 공통적으로 적용되는 뭔가를 설정하는 것이 몹시 싫은 모양이군. 파리에서 태어난 도시

기투(企投)적 존재　사르트르는 인간이 개인의 의지와 상관없이 세상에 태어나지만(피투적 존재), 동시에 미래를 향해 열린 다양한 가능성을 만들어간다(기투적 존재)고 생각했다. 인간은 사물과 달리 고정적인 본질을 갖고 있지 않다. 따라서 미래의 가능성을 선취하면서 스스로의 잠재력을 자각할 필요가 있다.

파답게도 말이지. 그렇지만 세계로 좀 더 시야를 넓혀보는 건 어떻겠나? 이를테면 주술에 대해 생각해볼까? 미개 사회에서는 다양한 사건을 나름 논리적으로, 인과관계가 적용되는 설명을 만들어낸다네. 이런 의미에서 그들 역시 '논리적'이라 할 수 있지. 신화 역시 미개사회 사람들이 다양한 이야기를 엮어내서 '논리적'으로 만들어낸 **브리콜라주**라고 할 수 있어.

한편 과학은 어떨까? 예컨대 문명사회에서는 '개념'을 통해 화학 물질을 이해하고 있지. 과학적 사고라고 할까. 나는 이것과 상반되는 미개사회의 사고를 가리켜 **야생의 사고**라고 이름 붙였네. 이 야생의 사고 역시 우리 서구 문명과 마찬가지로 지극히 논리적이야. 인류 역사의 기본 구조 안에는 이러한 야생의 사고가 존재하는 건 아닐까?

사르트르

그럴까? 난 아무래도 인간의 배후에 있다는 구조가 개별적 실존보다 더 앞선다는 것을 납득할 수 없네. 역사는 구조가 아니라 인간 스스로 만드는 거야. 이런 사고방식은 서양 문명에서는 보편적으로 통용되는 것이지.

브리콜라주(bricolage) 프랑스어로 '여러 가지 일에 손대기'라는 뜻으로 손에 닿는 온갖 것들을 모아 새로운 창조적인 것을 만드는 행위를 가리킨다. 레비스트로스는 1962년 간행된 『야생의 사고』에서 이 말을 사용해 비합리적인 것으로 천대받던 신화적 사고를 재평가했다.

야생의 사고 문명화된 '재배 사고'와 대조적으로 미개 상태의 인간이 민족지적 자료와 구조론적 방법으로 성립시킨 사고를 말한다. 레비스트로스가 주창한 이 표현은 그대로 책 제목이 되어 1962년에 간행되었다.

레비스트로스

흐음, 서양 문명에서 보편적으로 통용된다고? 일단 계속해보게.

사르트르

서양 문명사에서는 데카르트 이래로 사유하는 나(자아)의 존재가, 헤겔 선생의 말처럼 변증법적으로 서로 충돌하면서 자유를 향해 지금껏 전개되어왔지. 그렇게 인간은 역사를 만들어왔어. 온갖 문명에 공통적으로 적용될 수 있는 구조를 손쉽게 끌어들여 적용한다면 서양 근대가 쌓아온 사상사의 흐름을 끊어버리는 일이 되지 않을까?

레비스트로스

이봐, 좀 참아주게. 자네 머릿속에는 늘 서양 지상주의가 똬리를 틀고 있는 것 같군. 서양 문명에서의 근대와 개인이 만들어온 세계관을 옳다고 믿으며 조금도 의심하지 않으니까. 나한테 야생의 사고란 야만인이나 원시 인류의 사고가 아니야. '재배종'이 되어버린 서양의 사고 이전에 본래 있었던 '야생' 상태의 사고라네. 우리 인간의 근본은 야생의 사고야. 서양의 지향성은 그것이 길러오고 파생시킨 것일 따름이네.

소크라테스

워워, 자네들! 조금만 열을 식히고 소쉬르 군의 이야기를 들어보도록 하세.

소쉬르

음, 저는 인간이 어떤 의미에서는 구조적으로 사고하고 있다는 것을 언어라는 색다른 관점에서 주장하고 싶습니다.

사르트르

아, 소쉬르 선생님! 그러고 보니 선생님은 언어학자였지요.

소쉬르

예를 들어 사르트르 군, 자네는 인간이 완벽하게 자유로이 발화(parole)하고 있다고 생각하나?

사르트르

글쎄요, 그렇다고 생각합니다만. 인간은 아무런 의미나 목적 없이 태어났고, 자기 언어로 자유롭게 발언하고 책임지며 살아간다고 생각합니다.

소쉬르

자, 그러면 레비스트로스 군도 자유롭게 논쟁하고 있었다는 말인가?

레비스트로스

그렇습니다. 속이 확 뒤집힐 만한 대목도 있었지만요. 사

소쉬르, 언어학의 거인

스위스 제네바 출신 언어철학자로 학자 집안에서 태어났다. 랑그(langue, 언어)를 파롤(parole, 말)에서 분리시켜, 사회적 산물로서 체계화된 랑그(언어)를 언어학의 대상으로 정했다. 그의 구조언어학은 이후 구조주의 철학의 초석을 닦았다. 조부는 식물생물학자, 증조부는 지질기상학자였다. 특히 증조부는 등산 그 자체를 목적으로 하는 근대 등산의 아버지로도 알려졌다.

르트르는 제발 저 귀에 거슬리는 거친 말투를 좀 고쳤으면 좋겠는데….

소쉬르

실은 자네들은 자유롭게 논쟁하고 있었던 것이 아니라네. 난 언어가 현실 세계를 분절하고 있다고 생각하지. 언어는 자의적이니까. 예를 들어 한국인은 '나비'와 '나방'을 구별하지만 프랑스에서는 둘 다 '파피용'이라고 해. 다시 말해 언어는 현실세계를 구조적으로 분절하고 있는 **차이의 체계**야.

사르트르

아, 그렇군요. '차이의 체계'라….

소쉬르

사르트르 군과 레비스트로스 군은 '인류 공통의 구조는 있는가?'라는 하나의 주제에 관해 차이의 체계로서 발화하고 있었던 것이네. 만약 그 주제가 없었다면 발화도 있을 수 없고 논의도 이루어지지 않았을 걸세.

사르트르

차이의 체계에 따른 **기호**로 발화하면서 하나의 주제에 관해 논의하고 있었다는 말씀입니까?

차이의 체계 세계에 대한 인간의 인식은 어떤 개념과 그 밖의 개념의 차이에 의해 구성되어 있다는 상고방식이다. 예를 들어 우리는 '나비'와 '나방'을 구별하지만(차이를 느끼지만), 프랑스인은 그 둘을 동일시한다. 이것은 언어에 의해 세계를 구분하는 방식, 즉 차이가 상이하기 때문이다.

기호 소쉬르는 언어가 '시니에(signe, 기호)'의 체계라고 했다. 시니에는 '나비'와 '나방' 같은 글자나 음성인 '시니피앙(signifiant, 기표)'과 그것의 실제 내용이나 개념을 가리키는 '시니피에(signifié, 기의)'의 자의적 관계가 하나로 합쳐진 것이다. 시니피에와 시니피앙의 관계에는 필연성이 있는 것이 아니라 자의성이 존재한다.

그렇다네. 다른 예를 하나 더 들어볼까? 예컨대 연인끼리 대화할 때 남자가 "오늘은 밥을 먹을까, 아니면 영화를 볼까?"라고 물었다고 하세. 여기에서 주제는 '데이트 장소'가 되겠지. 아마 여자는 "글쎄, 그럼 영화부터 볼까?"라고 대답할 수 있겠지. 자, 그럼 생각해보게. 여기서 이 여자가 "앞에 있는 저 자동차, 새빨간 색깔이 참 멋진데"라고 말할 수도 있겠는가?

아니요, 그럴 수 없겠지요. 너무 엉뚱한 말이잖아요.

발화를 체스의 말에 비유한다면 말이지, 우리는 체스 게임을 규정하는 체스 판에 해당하는 **랑그** 안에서만 발화하고 있을 뿐이네. 이런 의미에서 랑그에 근거해서 발화할 수밖에 없는 인간은 지극히 구조적이라는 생각이 들지 않나?

소쉬르 선생님의 생각은 지나치게 일면적인 것이 아닌가요? 모든 발화가 그렇게 논리적이겠습니까? 이 말은 레비스트로스 선생의 구조주의에 대해서도 할 수 있습니다. 어

랑그(langue) '랑그'란 제도로서 확립된 언어의 체계(기호체계)를 말한다. 한편 랑그에 따라 행해지는 발화 행위를 가리켜 '파롤(parole)'이라고 한다. 소쉬르는 랑그와 파롤을 구별했다.

체스 판 = 랑그

체스 말 = 파롤

째서 우리는 그렇게 논리를 추구하고 논리에 들어맞도록 애를 쓰는 것일까요? 어째서 우리는 그렇게 논리를 추구 하며 살아가려고 하는 것일까요?

레비스트로스

논리나 구조가 무의미하다는 말인가?

카뮈

그래. 인생이란 것은 논리적이기는커녕 무력하고 부조리 한 것이라고 생각하네. 난 이런 소설을 쓴 적이 있어. 한번 들어보게. 신에게 벌을 받아 바위를 산꼭대기까지 밀고 올 라가야 하는 시시포스라는 자가 있네. 그런데 애써 산 정 상까지 올라가면 바위는 자동적으로 데굴데굴 아래로 굴 러 떨어져버리지. 시시포스는 '자, 다시 한번!'이라는 명령 을 또 받고 말이야. 아무리 생각해도 부조리한 상황이지. 그래도 시시포스는 이 부조리를 받아들이고 반복해서 바 위를 굴리며 산꼭대기로 올라가네. 그는 실로 부조리를 부 둥켜안고 살아가는 영웅인 것이지.

이것만은 꼭 알아두자!!

구조주의

프랑스에서 태어난 20세기 대표 사상의 하 나로 장기적으로 영향력을 미치는 체계를 분석해 현상 기저에 있는 구조를 밝히려는 사상이다. 소쉬르의 언어학 등을 바탕으로 1960년대 레비스트로스가 광범위하게 전개 했다. 그의 주장에 따르면 그때까지 서양 철 학에서 중시되던 자각적 의식이나 주체성 개 념에도 무의식의 질서(구조)가 이면에 먼저 자리 잡고 있다고 할 수 있다. 이외에도 구 조주의를 대표하는 사상가로 라캉(Jacques Lacan), 알튀세르(Louis Althusser), 푸코 (Michel P. Foucault) 등이 있다.

사르트르

지금 그 얘기는 그리스 신화의 등장인물을 빌려 썼던 자네의 『시시포스의 신화』라는 작품이군.

카뮈

그렇네. 확실히 인생에는 어떤 논리도 없고 주어진 의미도 없어. 하지만 인생은 때때로 아름답거나 즐겁지. 난 이렇게 생각하네. 어떤 의미도 없는 세계 안에서 부조리에 둘러싸여 있음에도, 인간은 꿋꿋하게 살아가는 존재라고 말이야. 딱히 논리나 구조 같은 것에 얽매일 것 없이 눈앞에 있는 부조리를 그대로 받아들이면 되지 않을까?

사르트르

이보게 카뮈, 자네 의견은 확실히 **실존주의**와 친화적이긴 하지만, 살짝 도를 넘은 것 같군. 아무리 자유로운 인간이라도 타자에 대한 책임은 짊어져야 하니까 말이야. 나아가 인류 전체의 책임을 짊어져야 하지. 이러한 책임과 더불어 살아갈 때, 즉 '모든 인류의 운명'에 관여할 때 비로소 인간의 실존은 가장 실존적이 되네.

카뮈

모든 인류의 운명이라고? 공허한 말이군. 난 누구에게도

실존주의 인간의 주체적 실존을 주된 관심사로 하는 사상. 인간은 논리적으로 파악될 수 없는 비합리적인 존재로, 필연적으로 부조리 속에서 살아간다고 여긴다. 키르케고르 등의 철학자에게서 유래되었으며(7라운드 참조), 20세기에는 하이데거, 사르트르 등에 의해 주도적으로 전개되었다.

실존은 본질에 앞선다 사르트르의 유명한 말로 인간의 본질은 미리 정해져 있지 않다는 뜻이다. 때문에 인간은 스스로 세계에 의미를 부여하는 행위를 선택하고, 자기 자신이 의미를 산출해야 한다고 말한다.

구속당하고 싶지 않네. 게다가 애당초 난 실존주의자도 아니야!

사르트르

인간은 불현듯 이 세계에 내팽개쳐진 피투적 존재라네. 다시 말해 세계에 우선 실존하고 나서 그 본질이 정해지는 거야. 즉, **실존은 본질에 앞선다**는 거지. 그것은 인간이 한없이 자유롭다는 말이기도 하네. 눈앞이 깜깜해질 만큼 무지막지하게 자유롭지. 그러나 자유롭기 때문에 그만큼 책임을 져야 하는 거야.

카뮈

그럼 다른 작품을 예로 들어보지. 페스트가 휩쓸어버린 마을이 있네. 그곳의 사제 파누루는 페스트가 신이 인류를 위해 마련한 계획이라고 말하면서 이를 극복하면 인류는 더욱 높은 역사의 단계로 들어간다고 사람들을 설득하지. 그러나 의사 베르나르 리유는 고통받는 사람들을 외면한 채 인류의 진보를 이야기하는 사제 파누루의 행위가 눈앞의 구체적인 구제를 게을리 하는 것이 아니냐고 반문하지.

사르트르

자네의 대표작 중 하나인 『페스트』로군.

카뮈

눈앞에 있는 부조리한 현실과 맞서 싸우지 않고 신이나 논리, 변증법 같은 추상적인 이야기를 하면, 그 사이에 눈앞에 있는 소중한 것을 잃어버릴지도 몰라. 난 인생을 둘러싸고 있는 커다란 부조리를 묘사하면서 바로 이 부분을 이야기했던 거야.

어쩐지 카뮈의 이야기를 듣고 있으면 뜬구름을 잡는 것처럼 이해가 잘 가지 않는군.

카뮈는 **문학적이지만 주장이 애매**하지.

맞는 말이야. 난 상파울로대학 교수 시절, 브라질에 건너가 그곳에서 선주민들을 조사했지. 적어도 과학적인 근거를 바탕으로 구조주의를 주장하고 있단 말이야. 그런데 카뮈, 자네의 이야기는 허구의 소설에 지나지 않네!

뭐라고? 허구라고? 하지만 그것 또한 인간이 가진 모습 중 하나가 아닌가? 허구를 부정하는 세계는 이미 아름다움도 즐거움도 없을 테지. 난 뜬구름을 잡아도 좋아. 그 무엇에도 구속당하고 싶지 않을 뿐.

자, 자, 다들 이쯤에서 마무리하세. 그러나저러나 카뮈, 자

카뮈는 문학적이지만 주장이 애매 사적 유물론과 공산혁명을 주제로 놓고 벌어진 카뮈와 사르트르의 논쟁에서 사르트르가 카뮈에 대해 내린 평가다. 실존주의 문학의 대표자로는 보통 사르트르가 꼽히지만 거기에 카뮈도 포함시키는 시각도 있다. 하지만, 카뮈 자신은 스스로 실존주의와의 관계를 부정했다.

네는 꽤 별난 사람이지만 왠지 미워할 수 없군. 레비스트로스 군과 소쉬르 군도 뭔가를 기반으로 구조화된 세계를 이야기했네. 반면 사르트르 군과 카뮈 군은 실존을 방패 삼아 그것에 반기를 들었지. 하지만 사르트르 군과 카뮈 군 사이에도 대립이 있었네.

그러고 보니 자네 네 사람에게는 공통점이 있어. 모두 20세기에 태어나 프랑스에서 활약한 사람들이 아닌가? 서로 면식이 있는 사람들도 있지? 자네 넷이 한자리에 모여 논의해준 일에 감사를 표하고 싶네. 그러고 보니 아무튼 공통의 주제가 있기 때문에, 그 주제에 대해 함께 이야기 했다는 사실만은 부정하기 어렵겠는 걸.

토론자들의 주장 정리

❶ 개인의 주체성보다 환경 속 시스템이 무의식적으로 선행된다. (레비스트로스)
❷ 언어학에서 볼 때 인간은 구조적으로 사고한다. (소쉬르)
❸ 시스템이 아니라 실존하는 사람 그 자체를 중시해야 한다. (사르트르)
❹ 구조나 논리만을 중시해서는 안 된다. (카뮈)

양적인 만족과 질적인 만족, 어느 쪽을 추구해야 할까?

공리주의는 많은 사람들이 쾌락을 얻고 행복해지는 것을 선으로 여긴다. 다만 공리주의의 창시자인 벤담과 그의 제자 밀 사이에도 대립이 있는 듯하다. 근대의 경제학자와 고대 그리스의 철학자도 한데 모여 행복에 대해 논의해본다.

양이 중요하다

제레미 벤담
Jeremy Bentham

출신 / 영국
생몰년 / 1748년~1832년
좌우명 / 최대 다수의 최대 행복

공리주의를 창시한 영국의 철학·법학·경제학자. 『정부론 단편』 등에서 제시한 '최대 다수의 최대 행복'이라는 말로 널리 알려졌다. 법학을 전공했지만 법조계가 아닌 저술 분야에서 성공을 거두었다.

미스터 공리주의

스승 ←

애덤 스미스
Adam Smith

출신 / 영국
생몰년 / 1723년~1790년
필살기 / 보이지 않는 손

경제적 자유방임주의를 주장했으며, 자본주의 사회를 처음으로 체계적으로 논의한 대작 『국부론』을 저술했다. 글래스고대학 등에서 철학 등을 가르쳤고, 같은 대학에서 논리학과 도덕철학 과목 교수로 일했다. 강의록인 『도덕감정론』도 높은 평가를 받고 있다.

근대 경제학의 막을 열어젖힌 철학자

최고의 쾌락과 행복은 무엇인가?

질이 중요하다

존 스튜어트 밀
John Stuart Mill

출신 / 영국
생몰년 / 1806년~1873년
입버릇 / 양보다 질!

19세기 중반에 활약한 사회·경제사상가. 부친인 제임스 밀은 저명한 철학자이자 역사가다. 벤담이 제창하고 부친 제임스 밀이 지지한 양적 공리주의에 '질'이라는 독자적인 관점을 부여함으로써 질적 공리주의로 발전시켰다.

제자 →

배부른 돼지가 되느니 불만족스러운 인간이 되겠다

최고의 쾌락은 어떤 것인가?

에피쿠로스
Epikuros

출신 / 그리스
생몰년 / 기원전 342년 무렵~기원전 271년 무렵
좌우명 / 육체적 쾌락보다 정신적 쾌락

아테네의 식민지인 사모스 섬에서 태어나 아테네에서 활약한 철학자. 아테네 등 그리스의 폴리스 국가들이 마케도니아 왕국의 패권에 굴복한 상황 속에서 걱정이나 고통으로부터 해방된 행복을 추구했다. 쾌락을 선이라고 역설한 에피쿠로스학파를 창시했다.

소크라테스

인간에게 '쾌락'이란 도대체 무엇일까? 예컨대 집에서 뒹굴뒹굴 놀면서 맥주를 마시는 쾌락과 합창 경연대회에 나가기 위해 친구들과 함께 연습하는 데서 오는 쾌락 사이에는 어떤 차이가 있을까? 사제 관계인 벤담과 밀이 먼저 포문을 열어보게.

벤담

네, 그럼 스승인 제가 먼저…. 인간은 늘 두 개의 주권자, 즉 두 개의 가치로 움직이고 있습니다. 두 개의 가치란 이 자리가 **쾌락**인가, 아니면 고통인가 하는 것이지요. 인간은 늘 쾌락을 선택하려고 합니다. 그래서 전 쾌락의 사회적 증대라는 결과가 '선'이라고 확신합니다.

밀

아, 네, 잘 알고 있습니다. 선생님의 공리주의에 대해서는….

벤담

자네는 좀 가만히 있게. 소크라테스 선생님, 제가 좀 더 얘기하겠습니다. 쾌락은 '쾌락 계산'으로 계산할 수 있습니다. 예를 들어 감각의 쾌락, 부의 쾌락, 명성의 쾌락 등이 있지요. 한편 고통에는 감각의 고통, 적의의 고통, 결핍의 고통 등이 있고요. 쾌락과 고통을 계산할 때 사회적 총합으로서 쾌락이 늘어나면 사회로서는 좋은 것입니다. 집에서 마루에 배를 깔고 맥주를 마실 수 있는 휴일은 감각의 쾌락으로 가득 찰 것이고, 될수록 많은 사람이 이 쾌락을 누리는 것이 좋습니다.

그렇군요. 말씀 잘 들었습니다. 역시 벤담 선생님은 초지 일관이십니다. 선생님은 쾌락을 주장할 때 늘 **양**에 역점을 두시지요. 그렇지만 더욱 중요한 요소를 선생님의 자랑거리인 '쾌락 계산'에 넣고 있지 않으십니다.

밀

그게 무엇인가?

벤담

아직도 모르시겠습니까? 바로 '지성'이라는 요소입니다. 예를 들어 시답잖은 가십 기사와 셰익스피어의 『햄릿』을 비교해서 읽는다고 생각해보지요. 틀림없이 감각적으로는 가십 기사가 편할 겁니다. 손쉽게 재빨리 쾌락을 얻을 수 있으니까요. 셰익스피어를 읽으려면 어느 정도의 지성이 필요합니다. 소크라테스 선생님이 문제로 제기한 합창 경연대회도 마찬가지입니다. 악보를 읽고 다들 협력함으로써 자신이 지닌 잠재력을 발현할 수 있는 일이니까요.

밀

오, 그런 일에는 '지성'이 필요하다는 말이군.

벤담

쾌락 공리주의는 고대 그리스부터 이어져온 쾌락주의라는 흐름 속에 위치한다. 공리주의 철학의 근본에는 인생의 목적을 행복으로 여기고 행복을 선이라고 보는 행복주의가 있다. 아리스토텔레스도 행위의 최종 목표는 행복이라고 주장했다.

양 벤담은 쾌락을 수치화할 때 모든 개인의 단위를 1로 정해 지배층과 피지배층 사이에 차이를 설정하지 않았다. 남자 보통선거의 실시도 주장했는데, 왕족과 귀족의 권세가 강고했던 당시로서는 보기 드문 평등사상의 소유자였다.

저는 인간의 만족이란 자신이 지닌 고도의 능력을 발현할 때 얻어진다고 생각합니다. 돼지처럼 그저 먹고 자는 것이 아니라 소크라테스 선생님처럼 지성을 발휘해 고도의 능력을 실현하려고 할 때 인간은 쾌락을 느끼고 행복해지는 것입니다.

'만족한 돼지가 되느니 불만족한 인간이 되겠다'는 것이 자네의 의견이었지, 아마? 그런데 말이야. 정말 인간은 그렇게 **고급 쾌락**만을 선택할까? 인간은 오히려 그보다 현실적인 생물이 아닐까?

현실적인 생물이라고요?

예를 들어 제재에 대해 생각해보세. 뭐니 뭐니 해도 인간이 느끼는 고통 중에 육체적인 고통보다 더한 괴로움은 없어. 그 고통이 두려우니까 사람은 법을 지키지. 단순하게 생각하면 감각의 고통을 싫어한다고 할 수 있고, 뒤집어 말하면 감각의 쾌락을 원한다고 할 수 있지. 외적인 법률적 제재가 효과적으로 기능하는 것을 보면, 난 인간의 쾌락도 외적이고 양적인 쾌락이라고 생각하네.

음, 쾌락을 역설적으로 제재를 통해 파악하신다는 말씀이지요? 그렇다면 저도 이렇게 반론하겠습니다. 진정으로 인간에게 쓰라린 고통은 정신적인 것이 아닐까요? 다시 말해 양심의 가책 말입니다.

쾌락에 두 종류가 있는 것처럼 고통에도 두 종류가 있다는 말인가?

그렇습니다. 3라운드에서도 엄벌주의에 반대하면서 말씀 드렸는데, 도덕적 의무를 위반하고 죄를 저지른 뒤에 인간이 느끼는 정신적인 고통을 생각할 때, 내적 제재야말로 인간에게 내면적인 반성의 의식을 부여합니다. 즉, 고통에도 '질'의 차이가 있습니다. 양으로만 사물을 생각하면 안 된다는 말입니다. '최대 다수의 최대 행복'만으로 인간은 살아갈 수 없어요.

아니, 그렇지 않아. 인간은 '최대 다수의 최대 행복'으로 살아가네. 쾌락과 고통을 느끼는 한 사람 한 사람의 총량을 정확하게 재어 쾌락을 증대시키는 것이 바로 사회의 정의일세. 그래서 나는 **남자 보통선거**의 실시도 주장했지. 그렇게 해야 한 사람 한 사람의 뜻을 평등하고 정확하게 셀 수 있다네. 역시 외적인 양을 생각해야 해.

고급 쾌락 존 스튜어트 밀이 스승의 공리주의 사상을 수정하게 된 까닭은 자신의 체험 때문이다. 그는 자서전에서 자신이 스무 살 무렵 무엇에도 쾌감을 느끼지 못하는 상태에 빠지게 되어, 내적 교양의 질을 높이는 예술 등 질적 쾌락의 중요성을 인식했다고 한다.

그러면 정치는 양적인 다수결이어야 한다는 말씀입니까? 그 의견에는 찬성할 수 없군요. 소수파는 어쩌란 말입니까? 단순히 배제해버리는 것입니까? 전 언제나 다수의 폭정, 즉 다수파가 소수파를 억압하는 '사회적 전제(專制)'를 염려하고 있습니다.

자네가 염려하는 것은 어떤 것인가?

이를테면 몸에 문신을 새긴 젊은이가 있다고 하지요. 아마도 그는 사회적으로 소수에 속할 것입니다. 그렇다면 문신을 금지하는 법안이 다수결로 통과되었다고 해서 그 법에 따르는 것이 정의라고 할 수 있을까요? 문신을 새긴 젊은이에게 벌을 줄 수 있을까요?

문신을 불쾌하게 여기는 사람이 다수라면 어쩔 수 없겠지.

아니지요. 오히려 사회적으로 허용할 수 있는 범위에서 구체적으로 제3자에게 물리적인 위해를 가하지 않는 행위라면, 다수가 보기에 **어리석은 행위**이고 불쾌한 행위일지

남자 보통선거 벤담은 미완의 저작 『헌법전』에서 대의제 민주주의가 이상적이라고 주장했다. 그는 보통선거나 다수결 제도가 보편적 이익을 추구하기 위해 꼭 필요한 시스템이라고 생각했다.

어리석은 행위를 할 권리 밀은 소크라테스의 예를 들어 소수의 사상을 부당하게 억압해서는 안 된다고 보았다. 타인에게 피해를 끼치지 않는 한 개인의 사상적 자유는 설령 어리석은 것이라 할지라도 절대적으로 보장되어야 한다고 주장했다.

라도 허용해야 합니다. 이렇게 더 많은 소수파까지 포함한 사람들의 자유를 실현하는 것이야말로 정말 옳은 것이 아닐까요? 그런 면에서 선생님께서는 성인 남자에게만 참정권을 인정하는 '남자 보통선거'를 주장하셨지요? 하지만 제 생각에 참정권은 더욱 광범위한 사람에게 부여하는 것이 좋습니다. 그런 뜻에서 저는 **여성 참정권**의 필요성도 주장했지요. 제가 쓴 책『여성의 종속』에서도 다루었습니다만, 남녀는 평등해야 합니다.

벤담

좋아, 과연 자네답군…. 그러나 단순하게 생각해서 소수파의 이익을 우선시함으로써 다수파가 심각한 결과를 받아들이는 상황이 과연 정의일까? 예를 들어 벌거숭이로 길을 걷는 사람과 마주치면 대부분 사람들은 불쾌하게 여길 걸세. 그런데도 위해를 가하지 않는다는 이유로 허용하는 것은 쾌락 계산의 관점으로 볼 때 도저히 이해할 수 없는 일이네. 역시 양적인 쾌락의 증대를 생각하는 것도 필요하지 않겠나?

밀

더 구체적으로 양을 추산할 수 있는 것이 있습니까?

여성 참정권 밀은 1865년에 여성 참정권을 주장하며 영국의 하원의원 선거에 무소속으로 당선되었고, 다다음 해의 선거법 개정 때에도 같은 주장을 담은 수정안을 제출했다. 이 수정안은 부결되었고, 영국에서 여성 참정권이 인정된 것은 1918년이다.

벤담

물론 있고말고. 궁극적으로 이 세상의 쾌락과 공리는 '금전'으로 나타나네. 인간이라면 누구나 소득이 많은 것을 원하지. 소득으로 쾌락과 행복을 얻을 수 있어. 단순하게 말하면, 소득이 많을 경우 초밥이든 프랑스 요리든 원하는 걸 마음대로 먹을 수 있지 않은가. 좋은 옷도 사 입을 수 있고 말이야.

애덤 스미스

나도 벤담 군의 의견에 부분적으로 찬성하네. 인간은 이기심에 따라 행동해야 해. 그럼으로써 부와 거래량이 증대하니까. 기본적으로 파는 사람은 이기심에 의거해 팔고 싶은 값을 매기면 그만일세. 사는 사람은 납득할 만한 가격으로

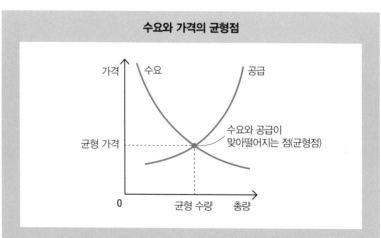

▲ 파는 사람(공급)은 단가가 높으면 이윤이 늘어나므로 공급량을 증가시키려고 한다. 한편 사는 사람(수요)은 가격이 내려가야 많이 사려고 한다. 양쪽의 요구는 얼핏 모순으로 보이지만 쌍방이 타협하는 균형점이 있게 마련이다. 시장에서는 자연스레 적정한 균형 가격이 조정된다. 이러한 논리에 따라 애덤 스미스는 파는 사람과 사는 사람이 다 자신의 이익을 추구해도 좋다고 주장했다.

사면 그만이고 말이야. 그리고 양쪽의 이해가 딱 맞아떨어지는 지점이 시장가격이 되는 것이 바람직하지. 수요와 공급의 균형점이랄까. 이렇게 할 때 거래량은 최고점에 도달하네. 이러한 의미에서 나도 양적인 의미의 행복은 있다고 생각해.

벤담

오오, 애덤 스미스 선생님 아니십니까! 드디어 강력한 아군이 등장했도다!

소크라테스

밀 군을 밀어줄 사람은 없나?

에피쿠로스

난 옛날 옛적 고대 그리스 시대 사람인데, 논의에 끼어도 될는지?

소크라테스

오, 에피쿠로스 군, 나도 자네와 비슷한 시대 사람이지 않나. 사양 말고 어서 이야기하게나.

최고의 쾌락을 탐구!

아테네에서 활약한 에피쿠로스는 쾌락을 중시했지만, 육체적이고 일시적인 쾌락이 아닌 정신적이고 지속적인 쾌락을 중요시했다. 여기에 바탕을 둔 사상가들은 에피쿠로스학파라고 불리며 헬레니즘 철학의 일파를 이루었다.

에피쿠로스

인간은 자기 사욕에만 사로잡혀 살아가면 마음이 번뇌로 가득 차버리네. 예컨대 파는 사람은 자기 상품이 팔릴지 안 팔릴지 몰라 마음이 불안하고, 사는 사람은 상품을 살 수 있을지 없을지 몰라 안절부절못하지. 매일 주식 시세판에서 눈을 떼지 못하는 사람들처럼 말이야. 이렇게 되면 이미 정신적인 쾌락은 있을 수 없어. 언제나 마음이 불안정하고 번민이 떠나지 않겠지.

벤담

그렇군요. 그러면 에피쿠로스 선생님은 어떻게 쾌락을 얻을 수 있다고 생각하십니까? 선생님은 쾌락주의자(Epicurean)가 아닌가요?

에피쿠로스

음, 아무래도 나에 대한 오해가 퍼져 있는 것 같군. 난 알렉산드로스의 등장으로 인해 그리스 폴리스 사회가 붕괴한 괴로운 시대에 어떻게 하면 인간이 행복할 수 있을까에 대해 생각했을 뿐이야. 단순한 쾌락주의자는 아니네.

이것만은 꼭 알아두자!

폴리스 사회의 붕괴

고대 그리스를 이끌었던 아테네는 라이벌 도시 스파르타와 벌인 전쟁에서 패한 이후 세력이 쇠퇴해갔다. 이때 북방에서 세력을 확대하던 마케도니아의 왕 필리포스 2세가 그리스를 침공했다. 그는 아테네 등 폴리스 연합군을 상대로 승리를 거두어 그리스 전역을 지배했다. 그의 아들 알렉산드로스 대왕은 더 나아가 동방 원정을 감행해 대제국을 건설했고, 폴리스 국가들이 패권을 다시 회복하는 일은 없었다.

아, 송구합니다. 실례를 저질렀네요. 그러면 선생님이 생각하는 쾌락과 행복은 무엇입니까?

인간은 사회적 이해관계에서 멀어져야 한다는 것, 즉 숨어서 살아감으로써 아타락시아(ataraxia)를 실현할 수 있네. 그것은 정신적 안정, 또는 영혼의 평정이라고 부를 수 있겠지. 그것이 인간의 이상일세. 아타락시아와 신체적 건강만 갖춘다면 인간은 지상의 행복을 얻을 수 있어.

잠깐만요, 에피쿠로스 선생님! 숨어서 살아간다고 하셨습니까? 세상을 버리고 살아가는 삶의 방식이 현실적으로 가능할까요? 누군가는 물건을 만들어야 하고, 일정한 규칙에 따라 거래가 이루어져야 현실 사회는 성립되고 유지됩니다. 그런 규칙이 '보이지 않는 손'에 이끌려 세계의 예정조화를 만들어내지요.

정말 그렇습니다. 개개인이 행복을 추구하지 않으면 사회 전체의 행복도 실현될 수 없어요!

벤담 군, 마음 좀 가라앉히고 내 말 좀 들어보게. 어째서 굳이 파는 사람과 사는 사람을 나눌 필요가 있지? 자급자족하면 되는 걸. 우정과 검소한 생활을 위해 자그마한 텃밭을 가꾸며 살면 그만 아닌가. 실제로 나는 '에피쿠로스의 뜰'이라는 장소를 마련해 생활했네. 당시로서는 상상도 할 수 없는 일이었지만, 난 여성이나 노예와도 더불어 지냈어. 이해관계에 얽매이지 않은 생활을 영위한 것이지. 유감스럽게도 위정자의 탄압을 당하고 말았지만 말이야.

소크라테스

에피쿠로스 군은 자급자족하는 소규모 공동체 생활을 지향해야 한다는 말이군. 자네 말고도 비슷한 생활을 이상적이라고 주장한 현자를 알고 있네. 바로 소국과민(小國寡民)을 부르짖은 **노자**와 **유토피아**를 제창한 토머스 모어가 있지.

애덤 스미스

그런데 그런 생활을 지속할 수 있을까요? 인간은 이기심이라는 욕망을 갖고 있습니다. 이러한 전제에 따르면 그런 사회는 상정하기 힘들지요. 현실적으로 존재하는 사회 속에서 공평한 규칙을 찾아내고 그 원칙을 충실하게 이행하는 편이 훨씬 인간을 행복하게 만들지 않을까요?

벤담

나도 애덤 스미스 선생 의견에 동감입니다. 이기심은 역시 양적인 만족을 추구하고 말겠지요.

노자 중국 춘추전국시대에 활약한 사상가로 공자의 도덕사상(3라운드 참조)에 반대해 작위 없는 자연과 도에 따라 사는 무위자연(無爲自然)을 이상으로 여겼다. 이에 기초한 이상국가인 '소국과민'은 백성이 적은 작은 나라라는 뜻이다.

유토피아 르네상스 시대의 영국 사상가 토머스 모어는 1516년 간행된 『유토피아』에서 사유재산을 가지지 않고 자유롭고 평등한 자연 상태의 이상향을 묘사했다.

소크라테스

질과 양, 외면과 내면, 사회와 공동체, 육체적 만족과 정신적 만족이라…. 꽤 흥미로운 대립일세. 인간은 육체적으로 만족을 얻지 못하면 정신적인 만족도 얻을 수 없네. 또한 정신적으로 만족을 얻지 못하면 육체적인 만족도 얻을 수 없고 말이야. 다시 말해 어느 한쪽으로 치우칠 때 다른 한쪽의 중요성을 깨닫고 수정을 되풀이해야만 참된 행복을 찾을 수 있을지도 몰라. 특히 대화를 통해 계속 생각하는 일이 필요하겠지.

토론자들의 주장 정리

❶ 행복은 수치화할 수 있고, 행복의 양적 증가가 중요하다. (벤담)
❷ 자기 이익을 추구하면 자연조화가 이루어지고, 양적 행복이 증대한다. (애덤 스미스)
❸ 인간의 행복은 질이 가장 중요하다. (존 스튜어트 밀)
❹ 육체의 일시적인 쾌락이 아니라 정신의 지속적인 쾌락이 중요하다. (에피쿠로스)

ROUND 10

자유인가, 아니면 사회규제인가?

인간은 본래 자유로우며 자유롭게 살아가야 한다는 대명제가 있다. 반면 권력에 의한 규제와 지배가 없으면 사회의 안정과 질서를 유지할 수 없다는 강력한 반론도 있다. 과연 자유는 인류 불변의 진리일까?

규제와 구속은 필요하다!

출신 / 영국
생몰년 / 1588년~1679년
필살기 / 만인의 만인에 대한 투쟁

청교도혁명으로 찰스 1세가 처형당하고 그의 아들 찰스 2세가 왕정복고를 이룩한 격동기 영국의 정치 현실을 살피며 국가의 개념과 정치철학을 연구했다. 『리바이어던』 등의 저작을 발표했다. 근대 정치학의 선구자로 받들어지는 인물이다.

토머스 홉스
Thomas Hobbes

국가란 무엇인가?

출신 / 독일
생몰년 / 1888년~1985년
필살기 / 위임독재

법철학, 정치철학의 입장에서 한때 나치스에 협력해 그들의 법학 이론을 지지했다. 독재에 대해 날카롭게 분석했다.

카를 슈미트
Carl Schmitt

나치를 지지한
위험한 사상가?

출신 / 프랑스
생몰년 / 1905년~1980년
좌우명 / 실존은 본질에 앞선다

프랑스의 문학자이자 철학자. 노벨문학상을 거절한 사건이 유명하다. 대표적인 실존주의 철학자로 문학계에도 실존주의 문학의 물결을 크게 일으켰다. 대표 저서로는 『실존주의란 무엇인가』, 『구토』 등이 있다.

사르트르
Jean Paul Sartre

미스터
실존주의

자유는 정말 필요할까?

인간은 자유롭게 살아야 한다!

장 자크 루소
Jean-Jacques Rousseau

출신 / 프랑스
생몰년 / 1712년~1778년
입버릇 / 자연으로 돌아가라!

18세기 후반 프랑스에서 활약한 계몽사상가. 『사회계약론』에서 전개한 인민주의라는 개념은 프랑스혁명의 기초가 되었고, 훗날 메이지 시대 일본에서 일어난 자유민권운동에도 영향을 끼쳤다.

프랑스혁명의
정신적 지주

S

장자
莊子

출신 / 중국
생몰년 / 기원전 4세기 무렵
입버릇 / 만물제동(萬物齊同)

전국시대 중국에서 태어난 사상가로 노자와 함께 도교의 시조로 여겨진다. 두 사람의 사상을 합쳐 노장사상이라고도 한다. 무위자연(無爲自然)을 기본으로 삼아 철두철미하게 인위를 배제하며, 가치나 척도의 상대성(相對性)(또는 상대성相待性)을 추구한다.

얽매이지 않는 삶

자유와 구속에 대해서는 옛날부터 논의가 끊이지 않았지. 인간은 자유롭게 살아야 할까? 그렇지 않으면 사회적 규칙이 필요할까? 예부터 이어진 이 물음에 대해 동서고금의 철학자들은 어떻게 답을 내렸는지 들어볼까. 자, 루소 군부터 시작해보게.

인간은 애초부터 자유로운 존재였습니다. 자유롭고 평등하며 자기 일뿐 아니라 타인의 일도 생각할 줄 아는, 자기애와 연민의 여유를 지닌 상태였습니다. 그러나 **사유재산**이라는 개념이 등장한 문명사회로 이행하면서, 매일 서로 경쟁하고 타인보다 더 많이 소유하는 것을 바라기에 이르렀습니다. 자유롭고 평등한 사회는 불평등하고 자유롭지 않은 사회로 변해버린 것이죠.

흐음, 자네 말은 그러니까 국가나 법이 성립하기 이전인 자연 상태에서는 누구나 다 자유로웠다는 말이군.

그렇습니다. 홉스 선생님! 인간은 다 함께 자유로웠을 텐데 이제는 모두가 문명의 쇠사슬에 묶여 있어요. 자유로웠던 상태로, 자연으로 돌아가야 합니다.

잠깐만! 나 좀 보세. 자연 상태가 정말 그랬을까? 처음부터 우리는 스스로를 지키기 위해 매일 투쟁을 반복하고 있던 것은 아닐까? 인간은 대개 자기 일밖에 생각하지 않지. 자기 목숨이 무엇보다 소중하고, 목숨을 위해서라면 남과 싸우는 것도 거리끼지 않아. 실로 '만인의 만인에 대한 투쟁' 상태라 할 수 있어. 그런 싸움에 종지부를 찍기 위해 우리는 거대한 '아버지', 즉 공포를 만들어냈던 걸세. 이 지점은 4라운드에서 자네와 '성선설과 성악설'을 주제로 논쟁을 벌였던 문제네만….

루소

네, 말씀하신 그대로입니다. 다시 한번 논의를 재탕하실 생각인가요? 어디까지나 인간은 성악적이라고 말입니다.

홉스

물론이네. 성악적인 인간을 아무런 사회적 규제도 없이 내버려둔다는 것은 이 세상에 셀 수 없이 많은 **늑대**를 풀어놓는 것과 다름없네. 늑대는 관리가 필요한 법이야. 사회라는 우리에 넣어야 하지. 루소 군은 왜 그렇게 물러터진 말을 입에 담는가?

루소

물러터진 말을 하고 있는 게 아닙니다. 홉스 선생님은 태연하게 인간을 늑대라고 말씀하시는군요. 그렇지 않아요.

사유재산 개인 또는 사적 집단이 소유하는 재산을 가리킨다. 이는 원칙적으로 소유자가 자유롭게 사용할 수 있다. 원시 사회에서는 몸에 지닌 개인 소유물 이외의 사유재산은 존재하지 않았다고 한다.

늑대 홉스의 대표 저서인 『리바이어던』에는 "인간은 인간에 대해 늑대"라는 말이 등장한다. 성악설의 입장에서 인간은 방치해두면 다른 인간에게 이빨을 드러내고 해를 입히는 존재라는 뜻이다. 사람의 본질이 늑대와 다르지 않음을 지적하고 있다.

인간은 늑대가 아닙니다.

난 그저 본질적으로는 같다는 말을 한 걸세. 그러면 자네가 보기에 인간과 늑대는 어떻게 다르다는 말인가?

인간은 늑대와 달리 사물을 냉정하게 생각할 수 있습니다. 예를 들어 물 한 컵을 나누어 마시며 생활할 수도 있어요. 그런데 사유재산이라는 제도가 생겨나면서 모든 일이 틀어졌지요.

사유재산을 없애면 살아가는 데 필요한 최소한의 물과 먹을 것을 어떻게 손에 넣는다는 말인가?

모두 함께 공유하면 되지요. 나누어 가지면 됩니다. 인간은 옛날처럼 자연 속에서 활개 치며 살아가면 문제가 없어요. 함께 농지를 경작하고 먹을 것을 나누어 먹으며 살아갈 수 있지요. 바로 인간의 본래 모습대로 말입니다.

만약 자네가 말한 것처럼 그런 모습이 인간의 본성이라면, 왜 오늘날까지도 인간은 싸움을 멈춘 적이 없는가? 현실에서 다툼이 일어나고 있는 이상, 우리는 이 다툼에 종지부를 찍어야 해. 그리고 그것을 위한 최고의 원리가 '공포'일세. 우리는 공포를 갖춘 군주 또는 국가에 권리를 이양하고 그것에 복종해야 하네.

루소

권력에 대한 복종이 필요하다는 말씀입니까?

홉스

인간은 복종이라는 대가를 치러야만 다툼을 그만두고 안전을 얻을 수 있다는 말이네.

루소

홉스 선생님은 본인이 하시는 말씀의 모순을 전혀 깨닫지 못하고 계신 것 같군요.

홉스

자네, 무슨 말이 하고 싶은 건가?

루소

선생님이 자연 상태라고 말씀하신 만인의 만인에 대한 투쟁 상태에는 이미 인간이 서로 관계를 맺고 있다는 사회성이 내재되어 있지 않습니까? 진정한 자연 상태란 사회가 생겨나기 이전의 상태란 말입니다. 네, 인간은 맨 처음에는 고립되어 있었습니다. 고립 속에서는 투쟁 같은 것은 생겨날 수 없죠.

홉스

그러면 묻겠는데, 자네는 사회가 만들어지기 전 상태를 한 번이라도 본 적 있는가!?

루소

없습니다. 하지만 선생님도 없으시지 않습니까!

여, 나도 한마디 좀 하겠소.

드디어 장자 선생이 입을 여시는군. 동서양을 가로질러 새로운 논의의 장을 열어주시게나.

물론이지요. 우선 인간의 맨 처음 모습, 즉 본래 모습이 무엇이었는지 생각할 필요가 있는 것 같군요. 그래서 먼저 홉스 군에게 질문을 하나 하겠는데, 자, 한라산은 높은 산인가?

음? 무슨 바보 같은 질문을 다 하십니까? 당연히 높은 산이지요.

과연 그럴까? 확실히 남산보다야 높겠지. 그러나 에베레스트 산에 비하면 어떨까? 한마디로 세계 안에서 크고 작다는 것은 무언가와 비교할 때 비로소 생겨나는 개념이네. 그러므로 인간에게 비교한다는 **분별의 지혜**가 없다면, 세계는 평등하며 차별과 대립 따위는 없을 것이네.

분별의 지혜 인간은 무의식적으로 '귀하고 천함', '현명함과 어리석음', '아름다움과 추함', '삶과 죽음' 등을 분별하고 있다. 이러한 분별을 떨쳐냄으로써 인간은 진정한 마음의 안락을 얻을 수 있다는 것이 장자의 사상이다.

만물제동(萬物齊同) 이 세상에 존재하는 모든 것의 가치는 같다는 뜻이다. '무위자연'와 함께 장자 사상의 핵심적인 말로 알려져 있다.

루소

호오, 반갑습니다. 장자 선생님의 생각은 제 세계관이나 자유관과도 통하는 것 같습니다.

장자

그런가? 원래 세계란 차별과 대립 따위가 없는 **만물제동**의 상태네. 이는 진리인 '도'에 이르는 것이 인간의 덕이라는 관점에서, 모든 사물이 동등하다는 의미라네. 사람들이 이 이치를 자각하고 자유롭게 살아가는 것, 즉 만물제동의 세계에서 노니는 것을 난 **소요유**라고 부르지. 소요유를 경험함으로써 인간은 진실로 자유롭고 자연스러운 **진인**에 이른다고 생각하네.

소크라테스

장자 선생은 **나비가 되어 훨훨 나는 꿈**을 꾸고 깨달음을 얻었다는 일화의 주인공이지요?

장자

그렇습니다. 잠에서 깨어났지만 그 뒤에도 과연 내가 나비가 된 꿈을 꾸었던 것인지, 아니면 나비가 지금 내 모습이 된 꿈을 꾸고 있는 것인지 또렷하지 않다는 비유적인 이야기지요. 하지만 그 어느 쪽이든 상관없습니다. 그런 상태가 바로 진정한 자유의 경지이며 만물제동, 소요유의 상태니까.

소요유(逍遙遊) 자유로운 경지에서 거침없이 마음을 놀게 한다는 뜻으로 스스로 도를 깨달은 즐거운 상태를 가리킨다. 『장자』 첫 장이 소요유 편이다.

진인(眞人) 장자가 생각하는 이상적 인간상이다. 모든 것을 계획하는 일 없이 자연스레 일체가 되어 살아가는 사람을 말한다. '지인(至人)'이라고도 한다.

카를
슈미트

루소 선생님이나 장자 선생님의 이야기를 듣고 있자니 어쩐지 동화 속 세계 같아서 얼굴이 다 화끈거립니다. 법학자로서 의회 민주주의나 자유주의를 비판해온 내 입장에서 보자면 그림의 떡 같은 생각으로밖에 보이지 않습니다.

루소

아하, 그러고 보니 자네가 카를 슈미트로군. **나치스**라고 했든가? 그런 흉물스러운 무리를 이론적으로 지원했다는 얘기를 들었네만….

소크라테스

루소 군, 자, 좀 진정하고…. 일단 의견을 들어보지 않겠나?

카를
슈미트

루소 선생님은 아무래도 저를 오해하고 있는 것 같군요. 전 법학자로서 공산주의를 비판하고 나치스에게 조언을 해주었을 뿐입니다. 홉스 선생님이 말하는 '만인의 만인에 대한 투쟁 상태'를 헌법적으로 해소할 수 있는 이론을 만드는 것이 제 바람이었죠.

소크라테스

슈미트 군은 현실에 맞게 질서를 유지하기 위해 법 이론을

나비의 꿈(호접지몽胡蝶之夢) 장자가 꿈을 꾸었는데 나비가 되어 마음 가는 대로 훨훨 날아다니다가 깨어났다. 그런데 과연 꿈속에서 자신이 나비가 된 것인지, 아니면 나비가 꾼 꿈이 현재의 자신인지 헷갈렸다. 『장자』 「제물론」편에 나오는 이야기에는 무위자연, 만물제동의 사상이 표현되어 있다.

나치스와 카를 슈미트 정치의 본질이 적과 아군의 구별에 있다고 규정한 이론이나 '결단'을 강조하는 정치사상은 나치스 법학이론의 지지 기반이 되었다. 그러나 카를 슈미트 자신은 유대인 법학자 후고 프로이스(Hugo Preuß)를 칭찬했기 때문에 제2차 세계대전 이전에 실각했다.

연구했다는 말이로군. 그렇다면 자유에 대해서는 어떻게 생각하는가?

카를
슈미트

현실 사회는 홉스 선생님이 말했듯 전투적이고 다툼으로 가득 차 있습니다. 루소 선생님이나 장자 선생님은 인간을 좀 더 현실적으로 파악하실 필요가 있어요. 인간에게 자유를 부여해야 하는가의 문제는 다음과 같은 사례를 통해 살펴보기로 하지요. 지금 한국이라는 나라가 다른 나라의 공격을 받았다고 가정합시다. 그런데도 사람들은 자유로울 수 있을까요? 물론 자유로울 수 없겠지요. 비상사태나 위기에 처했을 때 국가를 구제할 수단은 강력한 권력 기구가 독재를 실시하는 것입니다. 왜냐하면 신속한 결정력과 실행력이 필요하기 때문이지요.

홉
스

그래! 내 말이 바로 그거네. 국가권력에 의해 개인의 안전이 보장된다면 국가에 자유를 맡겨야 해. 지금 일본이라는

긴급사태 조항

전쟁이나 큰 재해 등 비상사태 때 법률과 동일한 효력을 갖는 정치적 명령을 제정할 수 있도록 하는 등 내각이나 수상에게 권한을 집중시키는 조항을 말한다. 최근 일본 자민당이 내세운 헌법 개정 초안에 이 조항이 들어 있어 갖은 물의를 빚고 있다. 긴급사태에 신속하고 원활하게 행정 대응을 할 수 있다는 장점이 있다. 그러나 비상사태에 대응하는 것은 기존 법률을 정비하고 효율적으로 운용함으로써 가능하며, 긴급사태 조항이 기본적인 인권을 침해한다는 강력한 비판도 있다.

나라는 헌법에 긴급사태 조항을 덧붙이는 개헌을 하느냐 마느냐를 놓고 대대적인 논쟁이 벌어지고 있다지? 최대 다수의 최대 행복을 지키기 위해서라면 물론 개헌이 필요하지 않을까?

카를
슈미트

전 위기에 처했을 때 일시적으로 지도자에게 독재를 허용하는 것을 '위임독재'라고 부릅니다. 이 개념은 저 옛날 로마제국에서도 찾아볼 수 있지요. 한편, 러시아혁명이나 프랑스혁명 때 나타난 것처럼 독재자가 모든 권력을 장악하는 것을 '주권독재'라고 합니다. 이렇게 주권독재와 위임독재를 명확하게 구별하고 있지요. 자, 그럼 여기에서 문제입니다. 위임독재가 일어날 수 있는 국가의 위기적 상황에서도 인간의 한없는 자유를 인정해야 할까요?

사르트르

슈미트 선생, 말씀이 좀 과격하지 않습니까? 생각의 순서가 거꾸로 아닙니까. 오히려 우리는 '독재' 상태가 어떤 형

무신론은 지금도 금기인가?

서구나 이슬람 사회에서는 세계관의 근저에 신의 존재가 있고 윤리의 밑바탕에도 신앙이 있기 때문에 무신론자를 자처하는 것은 오늘날에도 용기가 필요할 때가 있다. 반면 무신론의 입장을 취한 유물사관의 공산주의는 교회를 탄압했다. 실존주의의 입장에서는 키르케고르와 같이 신앙을 실존의 기초에 두는 경우가 있는가 하면, 니체나 사르트르와 같이 무신론의 입장에 서는 경우도 있다.

태로든 일어나지 않도록 연대해야 합니다. 여기서 좀 더 유연하게 자유와 구속에 대해 생각해봅시다. 난 무신론의 입장이기 때문에 애초에 인간은 의미 없이 태어났으며 당연히 자유롭다고 생각합니다. 신이 없는 세계에서 인간이 특별히 살아가야만 하는 이유 따위는 없어요. 그러나 자유는 그만큼 엄청나게 무거운 것이지요.

루소

인간이 본래 자유롭다는 의견에는 동의하는군.

사르트르

그렇습니다. 확실히 인간은 자유롭습니다. 그러나 '자유로운' 인간은 거꾸로 스스로를 창조해야 하는 형벌을 떠안고 있습니다. 즉, 모든 것을 자기 의지로 결정해야 하는 **자유의 형벌**에 처해진 겁니다. 불안하지 않습니까? 자, 모두에게 묻고 싶군요. 인간은 어떻게 살아가야 할까요? 이렇게 생각하면 아무래도 어떤 구속이 필요해진다고 봅니다. 이를테면 스스로를 창조할 때 아내를 위해서라든가 지역 사회를 위해서라든가, 어떻게든 스스로를 구속하는 식으로요. 그러나 그 선택은 실로 실존적입니다.

루소

사르트르 군은 꽤 까다로운 논리를 구사하는군.

자유의 형벌　신이 부재한 세계에서는 인간이 스스로의 선택에 대한 모든 책임을 져야 한다는 것을 말한다. 사르트르의 책 「실존주의는 휴머니즘이다」에 나오는 말이다.

사르트르

이를테면 매일 밤 거르지 않고 술을 마시고는 막차로 귀가하던 친구가 갑자기 막차 시간 전에 귀가합니다. 결혼해서 가정이 생겼기 때문이지요. 이런 변화는 일견 자유스럽지 못한 것처럼 보이지만 그렇지 않아요. 태어나면서부터 자유로운 인간은 자기가 아닌 다른 것에 구속당함으로써 순간을 실존적으로 사는 것입니다. 나는 이것을 자기구속, **앙가주망**이라고 부릅니다.

루소

아, 그러고 보니 사르트르 자네는 시몬 드 보부아르와 **계약 결혼**을 했었지? 그런 결혼에도 구속이 있었나?

사르트르

이 자리에서 제 개인사인 계약 결혼까지 거론하실 것은 없습니다. '앙가주망'의 연장선에서 인류의 미래가 보이기 시작한다면, 우리는 모든 인류의 선택에 참여하는 것이 됩니다. 자기를 뛰어넘은 사람에 대한 책임, 인류에 대한 책임이라는 관계를 통해 우리는 실존적이 됩니다. 개개의 인간이 모든 인류와 관계를 맺고 책임을 다하는 것이 진정한 인간의 자유라는 말이지요.

앙가주망(engagement) 정치 참여, 사회 참여 등으로도 번역되는 개념이다. 사르트르는 '스스로의 의지로 선택한다'는 전제 위에서 사람들이 주체적으로 앙가주망에 뛰어들 것을 권유하고 있다.

계약 결혼 사르트르의 실존주의와 시몬 드 보부아르(Simone de Beauvoir)의 페미니즘을 실천하는 방식으로, 두 사람은 결혼 관계를 유지하면서도 서로의 자유연애를 보장하는 전위적인 결혼 형태를 택했다. 사르트르가 죽을 때까지 약 50년 동안 두 사람의 이러한 관계는 지속되었다.

소크라테스

수고들 많았네. 과연 인간은 애초부터 자유로웠을까? 입장의 차이에 따라 루소와 장자의 입장도 될 수 있고, 홉스의 입장도 될 수 있겠지. 또한 긴급사태 때에는 자유를 제한해야 한다는 카를 슈미트 군의 위임독재론은 대단히 날카로웠네. 마지막에 등장한 사르트르 군은 자유와 구속의 관계를 훌륭하게 해명했다고 생각해. 무한정 자유롭기 때문에 어떤 것과 책임 관계를 맺음으로써 인간 자체를 창조해간다는 관점은 자유와 구속이 실로 밀접하게 연관되어 있다는 관점을 제시해주었지. 그리고 보면 어떤 책임을 의식하는 것이야말로 인간을 창조하는 가장 자유로운 상태일지도 모르겠군.

토론자들의 주장 정리

❶ 본래 자연 상태의 인간 사회는 자유롭고 평등했다. (루소)

❷ 다툼을 멈추려면 공포를 가진 군주나 국가에 종속해야 한다. (홉스)

❸ 분별의 지혜가 없다면 세계는 평등하며 처음부터 차별과 대립 따위 없는 자유로운 상태가 된다. (장자)

❹ 비상사태나 위기상태를 피하기 위한 방법은 독재밖에 없다. (카를 슈미트)

❺ 인간이 모든 인간과 관계를 맺고 책임을 다하는 것이야말로 자유다. (사르트르)

경험이 먼저인가, 이성이 먼저인가? 철학사적 대논쟁!

'1+1=2' 같은 기본적인 수식을 우리는 당연한 것처럼 이해하고 있다. 베이컨은 그것이 후천적인 경험(교육)에 의해 얻어진 것이라고 보는 반면, 데카르트는 인간이 태어나면서부터 갖추고 있는 이성이 선택한 대답이라 주장했다.

경험에 의해 알게 된다!

프랜시스 베이컨
Francis Bacon

영국 경험론

출신 / 영국
생몰년 / 1561년~1626년
좌우명 / 아는 것이 힘이다

영국 경험론의 개척자로 법률가, 정치가로도 활약했다. 홉스는 베이컨의 비서를 지낸 적이 있다. 경험에 의한 지식을 중시했고, 특히 '아는 것이 힘이다'라는 명언으로 유명하다.

경험 철학의 아버지

이마누엘 칸트
Immanuel Kant

통합

출신 / 독일
생몰년 / 1724년~1804년
좌우명 / 내 마음 속 도덕법칙

18세기에 활약한 독일 철학자. 독일 관념론의 아버지라 불리며 피히테, 헤겔 등에게 큰 영향을 미쳤다. 『순수이성비판』, 『실천이성비판』, 『판단력비판』 등으로 비판주의적 입장을 견지했다.

독일 관념론의 아버지

인간은 '1+1=2'의 원리를 선천적으로 알고 있을까?

이성에 의해 태어나면서부터 알고 있다!

대륙 합리론

르네 데카르트
René Descartes

합리주의 철학의 아버지

출신 / 프랑스
생몰년 / 1596년~1650년
필살기 / 나는 생각한다, 고로 존재한다

근세철학의 아버지. 생각하는 주체인 자신(정신)을 통해 존재의 기반을 세운 '나는 생각한다, 고로 존재한다'라는 말은 철학사적으로 가장 유명한 명제 중 하나다. 그의 사상은 철저하게 합리적이었지만, 사적으로는 연적과 결투를 벌이는 등 열정적인 면모도 있었다. 대표 저서로 『방법서설』 등이 있다.

대립하는 두 이론을
종합하고 분석해 통합!

독일 관념론

소크라테스

어느 날 처마 밑 제비 둥지에서 새끼 제비들이 훌쩍 날아 갔다면, 과연 새끼들은 언제부터 나는 법을 알았을까? 마 찬가지로 우리는 '1+1=2'라는 공식을 잘 이해할 수 있는 데, 과연 언제부터 이 식을 이해했던 걸까? 우리가 태어나 면서부터 이해했을까? 아니면 태어난 이후에 알았을까? 실은 이 소박한 질문에 근대 철학의 주요한 주제가 담겨 있다네. 다시 말해 이런 물음이지. 우리는 선천적으로 진 리를 깨닫고 있는 것일까? 그렇지 않으면 태어난 뒤 경험 을 통해 지성을 키워나간 걸까? 자, 여러분은 이 물음에 어찌 답할 텐가?

베이컨

제 생각에 인간은 경험적 사실에 의해 진리에 접근하는 존재입니다. 예를 들어 까마귀와 마주쳤다고 해보지요. 이 까마귀도 까맣고 저 까마귀도 까맣습니다. 언제 보아도 까 맣고, 오렌지색이나 노란색 까마귀는 없습니다. 이런 사실 이 까마귀는 까맣다는 진실로 이끌어주지요. 이렇게 사실 로부터 법칙을 이끌어내는 것을 **귀납법**이라고 합니다. 우

귀납법 경험적 관찰을 통해 사례들을 모음으로써 일반적인 법칙성이나 원리를 이끌어내는 추리법이 다. 아직 경험하지 못한 예외가 있을 가능성이 있어 절대적인 법칙은 도출할 수 없지만, 경험을 쌓음으 로써 지식을 점차 확대해갈 수 있다.

[사례1]=관찰에 근거한 인식
소크라테스는 죽었다

[사례2]=관찰에 근거한 인식
알렉산드로스 대왕도 죽었다

[사례3]=관찰에 근거한 인식
카이사르도 죽었다

[결론]=경험으로부터 법칙을 도출
나도 죽는다

그러므로

리는 '1+1=2'라는 진리를 이러한 경험적 사실을 통해 이해하는 것입니다.

데카르트

과연 그럴까요? 베이컨 선생이 지식의 확대에 도움이 되지 않는 것이 많다는 점에서 **연역법**을 비판하신다는 것은 잘 알고 있습니다. 그러나 이것 저것 모든 것을 귀납법으로 설명할 수 있다는 견해에는 의심이 갑니다.

베이컨

그러면 데카르트 자네는 인간이 어떻게 '1+1=2'라는 공식을 이해할 수 있다고 보는가?

데카르트

'1+1=2'라는 공식을 이해할 때 우리는 무슨 근거로 옳다고 판단할까요? 그런 판단을 하는 이성은 어디서 온 걸까요? 만약 이성의 존재를 선천적이라고 인정하지 않는다면, 우리는 '1+1=2'를 옳다고 판단할 수 없습니다. 따라서 경험적인 사실보다 앞서, 인간에게는 태어나면서부터 선천적으로 이성이 평등하게 배분되어 있다고 생각합니다.

연역법 귀납법과 반대로 전제가 되는 진리나 사실을 전제로 확실한 결론을 이끌어내는 추리법이다. 전제가 옳다면 옳은 결론을 얻을 수 있다.

[대전제]=이성에 근거한 인식
사람은 모두 죽는다

[소전제]=이성에 근거한 인식
나는 인간이다

그러므로

[결론]=논리에 따른 추론
나도 죽는다

베이컨

데카르트 군, 그게 무슨 말인가? 인간이 판단력을 갖추기 위해서는 다양한 경험을 해야 하지 않겠나? 예를 들어 빵 한 조각과 또 다른 빵 한 조각을 맛보는 경험을 통해 우리는 빵이라는 사물이 어떤 것인지 생각하고 판단하네. 그렇다면 '1+1=2'에 대한 이해도 자명해지네. 자연 현상도 마찬가지지. 기상 변화를 되풀이해 관찰하는 가운데 비구름의 움직임이나 풍향으로 날씨를 예측할 수 있어. 실험이나 관찰 같은 경험에 따라 사물을 관찰하고 법칙을 찾아내지. 그리고 그 법칙은 자연을 지배하는 인간의 힘을 증대시키는 데 도움이 되네. 한마디로 **아는 것이 힘**이라고 할 수 있네.

데카르트

정말 그럴까요? 내 말은 그러니까 베이컨 선생의 주장이 너무나 이상하다는 겁니다. 실험하거나 관찰할 때 그 결과를 올바르다고 판단하는 주체인 이성의 존재를 인정하지 않으신다니 말입니다.

베이컨

인정하지 않는 것은 아닐세. 인간이 자연을 지배하기 위해서는 경험에 의해 법칙을 찾아내는 수밖에 없다고 말하고 있을 뿐이야.

아는 것이 힘 근대 경험론의 선구자 베이컨의 격언으로, 자연을 관찰해서 도출해낸 경험적 지식을 중시하는 생각이 반영된 말이다. 지식은 자연을 지배하는 힘이 될 수 있다는 사고방식이 담겨 있다.

경험이 전부라고 말하고 계신데, 과연 그럴까요? 난 모든 것이 회의적입니다. 어쩌면 경험은 꿈일지도 모르지요. 난로 곁에 앉아 있는 것처럼 느껴져도, 실제로는 난로 곁에 앉아 있는 꿈을 꾸고 있을 뿐일지도 모르지 않습니까?

그 말은 지나치게 회의적이군.

그렇지 않습니다. 선생이 자연과 마주할 때 느끼는 감각조차 전능한 신, 또는 악마에게 속고 있을지도 모르니까요.

그러나 명백한 사실과 추리는 있을 것 아닌가? 예컨대 수학적 진리라든지….

그렇게 단순하게 믿을 수는 없어요. 오늘날의 지식이 미래에도 영구히 보편성을 지닌다고 보장할 수 없지 않습니까? 다시 말해 이번 라운드의 주제인 '1+1=2'라는 공식조차도 전 의심하고 싶습니다. 온갖 것을 극한까지 의심해보고, 그래도 의심할 수 없는 것이 남는다면 그것을 진리라고 할 수 있겠지요. 이것이 바로 **방법적 회의**입니다.

방법적 회의 데카르트가 '나는 생각한다. 고로 존재한다'는 철학의 제1원리에 도찰하기 위해 사용했던 방법론이다. 이 세상에 존재하는 온갖 편견이나 불확실한 것을 배제하기 위해 의심할 여지가 있는 것 전부를 의심하고 난 뒤 진리를 이끌어내는 방법이다. 흄이 내세운 회의론과 달리 진리에 도달하는 목적을 위한 방법이며, 의심하는 것 자체가 결론은 아니다.

방법적 회의라…. 그래, 그렇게 해서 자네가 도달한 진리는 무엇인가?

모든 것을 의심하더라도, 생각을 하고 있는 내 자신만큼은 무슨 일이 있어도 의심할 수 없습니다. '내가 생각하는 이상, 나는 여기에 존재한다'는 것만큼은 확실하다고 생각합니다. '나는 생각한다, 고로 존재한다'는 것만이 진리이며 철학의 제1원리일 것입니다.

그렇다면 자네는 아무래도 '1+1=2'라는 공식은 불확실하다는 말이군.

네, 그렇습니다. 보편적인 진리라고는 할 수 없지요.

그건 자네의 치우친 생각이 아닐까? 우리가 과학적 인식을 발동할 때, 내 방식으로는 귀납법적으로 세계를 인식할 때 주의해야 할 점은 정확한 관찰을 왜곡시키는 편견이나 선입견인 **이돌라**일세. 이것을 먼저 배제하고 나서 과학적 인식을 발동시켜야 하지.

이돌라(idola) 편견이나 오해, 선입견을 가리킨다. 베이컨은 「신기관」에서 이돌라에는 다음 네 종류가 있다고 지적했다.

① 종족의 이돌라 – 감각에 의한 착각
② 동굴의 이돌라 – 개인적인 편견
③ 시장의 이돌라 – 소문에 의한 편견
④ 극장의 이돌라 – 권위에 대한 맹신

데카르트

이돌라요? 그게 뭔가요?

베이컨

우선 '종족의 이돌라'가 있네. 이것은 인간이 공통적으로 가진 편견으로 의인화나 착각을 말하지. 다음으로 '동굴의 이돌라'는 개인의 편견이나 주관을 가리키네. 그리고 '시장의 이돌라'가 있어. 이것은 인간이 서로 교류하는 가운데 잘못된 언어 사용으로 생겨나는 환영이네. 마지막으로 '극장의 이돌라'는 전통이나 권위를 통째로 받아들임으로써 생겨나는 것이지.

데카르트

흠, 그렇군요.

베이컨

'1+1=2'라는 공식이 불확실하다든가 '나는 생각한다, 고로 존재한다'는 것만이 유일하게 확실하다고 주장하는 것은 동굴의 이돌라가 아닌가 싶네. 사실을 쌓아 올려 법칙화하는 것이야말로 올바른 인식이 아니겠나?

데카르트

그렇다면 무엇을 올바른 사실이라고 할까요? 경험했다고 생각하는 것도 꿈일 수 있기 때문에 경험에만 근거해 사물을 법칙화하는 것은 매우 위험해보입니다. 우리에게 **명석**

명석판명(明晳判明) '명석'이란 의심할 여지없이 명료하게 나타나는 정신을 가리키고, '판명'이란 다른 모든 것과 여실하게 구별할 수 있는 인식을 가리킨다. 데카르트는 이 인식이야말로 진리의 기준이 된다고 역설했다.

판명한 것, 즉 다른 것과 구별할 수 있기에 증명이 불필요한 하나의 원리를 발견해감으로써 진리를 알 수 있습니다. 바로 제가 찾아낸 제1원리인 '나는 생각한다, 고로 존재한다'야말로 인간이 선천적으로 가지고 태어난 법칙이 아니겠습니까?

베이컨

우리는 진리에 다가가는 방법이 꽤 다르군.

데카르트

또한 사물을 과학의 대상으로 삼을 때 주의를 기울여야 할 것이 있습니다. 베이컨 선생님이 말씀하셨듯이 무엇이라도 관찰의 대상이 될 수 있다는 점입니다. 예를 들어 사과라는 물체는 공간을 점유합니다. 즉 '연장(延長)'이라는 속성을 갖고 있어요. 한편, '정신'은 생각한다는 '사유'라는 속성을 갖고 있으며 공간을 점유하지는 않죠. 그렇다면 '사유하는 나'는 물체와 다르다고 할 수 있습니다. 이것을 **물심 이원론**이라고 합니다.

베이컨

으음, '물심 이원론'이라…. 그것이 동굴의 이돌라가 아니라고 딱 잘라 말할 수 있는가?

칸트

두 분 다 잠깐 멈추십시오. 베이컨 선생님이 말하는 경험론과 데카르트 선생님이 말하는 합리론의 문제는 오랫동안 유럽 철학이 논쟁해온 주제입니다. 저는 인간 이성의 한계를 철저하게 음미하는 **비판철학**의 입장에서 두 분의 이론을 조정해보고 싶습니다.

그래, 좋았어. 바라는 바일세.

우리의 모든 인식은 경험과 더불어 시작된다고 하지만, 그것들이 전부 경험으로부터 생긴다고 할 수는 없습니다.

구체적인 사례를 들어주겠나?

이를테면 폭발음과 불꽃놀이의 관계를 생각해보지요. 우리가 폭발음을 듣는 경험을 하지 않았다면 그것이 불꽃놀이와 관련 있다는 인식은 생기지 않을 겁니다. 폭발음을 들었다는 경험적 사실, 즉 소재 또는 날것의 데이터를 '감성'이 포착하는 것이지요. 그러나 폭발음을 들었다고 누구나 똑같이 불꽃놀이라고 인식하지는 않습니다. 예컨대 전쟁터에 있는 아이들은 어떨까요? 틀림없이 불꽃놀이 소리가 아니라 폭탄이 터지는 소리로 인식할 겁니다. 평화로운

물심 이원론 실체 이원론이라고도 한다. 세계의 근본 원리가 물질과 정신이라는 두 가지 독립적 요소와 본질에 의해 성립됐다는 사상이다. 물질은 연장(공간을 점유하는 것), 정신은 사유(생각하는 것/비공간적)가 각각의 본질이다. 이는 근대 이후 자연철학에서 철학적 기초를 형성했다.

비판철학 인간이 지닌 이성의 능력을 철저하게 음미함으로서 이성의 한계를 명확하게 밝히고 인간이 이야기할 수 있는 범위를 명확하게 정하는 철학 사상이다. 칸트의 비판철학에 의해 인식을 둘러싼 영국 경험론과 대륙 합리론 사이의 논쟁은 통합되어 매듭이 지어졌다.

나라에서 여름방학을 지내고 있는 아이들은 폭발음을 불꽃놀이를 하는 소리로 인식할 것이고요. 이렇게 우리는 감성으로 파악한 경험적 사실에 대해 각자가 인과 관계 등을 합리적으로 판단하여 구성하고 범주화합니다. 이 능력을 **오성**이라고 부르지요.

데카르트

흐음, 과연 그럴듯하군. 결국 합리적인 판단이 필요해지겠군 그래?

칸트

그렇습니다. 이리하여 인간은 폭발음을 불꽃놀이 또는 폭탄 소리로 인식하게 됩니다. 이렇게 감성과 오성에 통일을 부여하는 것이 **이론이성**이지요. 우리 외부 세계에 대한 인식 능력입니다. 다시 말해 '1+1=2'라는 인식은 경험적 감성과 합리적 오성의 공동 작업에 의해 생겨난 이론이성의 선물입니다. 경험적 감성과 합리적 오성을 따로 떼어놓으면 인식은 생겨나지 않아요.

데카르트

그러면 칸트 군에게 질문하겠네. 이론이성은 인간이 선천적으로 갖추고 태어나는 것인가? 아니면 후천적으로 갖추게 되는 것인가?

오성(悟性) 감성과 함께 인간의 인식 능력을 구성하는 요소로, 일반적으로는 지성과 같은 뜻으로 사용된다. 칸트 자신은 양, 질, 관계, 양태에 각각 세 가지씩 총 12가지의 순수오성 개념을 지적하고 있다.

시간이나 공간 속에서 경험적 사실을 통해 작용하는 **감성은 선천적**으로 갖추어져 있습니다. 다만 그 작용은 후천적인 사실에 의해 이루어집니다.

아하, 그것 보게! 역시 경험이 중요하지 않은가?

그렇지만 그것을 구성하고 범주화하는 오성, 그리고 감성과 오성의 통일로 생겨나는 이론이성이라는 인간 인식의 틀은 선천적입니다.

후후후, 들었습니까? 역시 선천적으로 갖춘 것이 아닙니까!

네. '1+1=2'라는 인식은 우리가 이론이성에 의해 인식할 수 있는 선천적인 것입니다. 다만 대상을 구성하는 과정에서 불꽃놀이로 할 것인지 폭탄 소리로 판단할지에 차이가 있는 것처럼, 인식이 대상을 결정한다는 점에서 인식은 지극히 주관적입니다. 우리는 대상을 그대로 인식하는 것이 아닙니다. 이론이성을 사용해 각자가 대상을 구성하고 있

이론이성(理論理性) 인간이 인식할 수 있는 능력으로서의 이성을 말한다. 감성이 파악한 외부의 소재를 이론이성에 의해 통합적으로 판단해 그것이 무엇인지 인식하는 것이다.

선천적 감성 경험하기 전에(선험적으로) 미리(a priori) 인간에게 주어졌다는 뜻이다. 예를 들어 인간은 사물을 공간적이고 시간적으로 파악하는 인식의 틀, 또는 '원인이 있어 결과가 있다'는 인과율에 대한 관념을 경험에 앞서 선천적으로 미리 갖추고 있다고 칸트는 주장했다.

을 뿐입니다. 한마디로 인간은 현상을 인식하는 것밖에 할 수 없으며, 그 배경에 있는 '물자체'(14라운드 233쪽 참조)는 인식할 수 없다는 말입니다. 같은 것을 보더라도 보는 사람에 의해 각각 보는 시각이 다르니까요.

소크라테스

그렇군, 잘 알았네. 베이컨 군은 경험을 그대로 사실로 축적한다고 보는 반면 데카르트 군은 경험보다 먼저 이성적 인간 존재가 있다고 이야기했네. 두 사람의 논의는 확실히 평행선을 달리고 있어.

그러나 칸트 군이 나서서 두 사람의 주장을 매끈하게 조

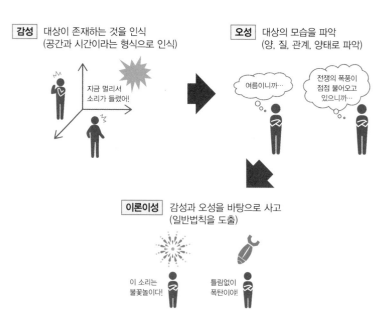

감성 대상이 존재하는 것을 인식
(공간과 시간이라는 형식으로 인식)

지금 멀리서 소리가 들렸어!

오성 대상의 모습을 파악
(양, 질, 관계, 양태로 파악)

여름이니까…

전쟁의 폭풍이 점점 불어오고 있으니까…

이론이성 감성과 오성을 바탕으로 사고
(일반법칙을 도출)

이 소리는 불꽃놀이다!

틀림없이 폭탄이야!

이론이성은 인간에게 선천적으로 갖춰져 있지만, 그것이 이끌어내는 답은 경험에 좌우되기 때문에 주관적이다.

정해냈네. 이를테면 해바라기를 인식하기 위해서는 해바라기처럼 생긴 꽃을 볼 필요가 있어. 그리고 그것을 해바라기라고 판단할 필요가 있고…. 이리하여 '경험론'과 '합리론'이 하나로 통일되어 해바라기라는 것을 알게 되네. 다만 주관에 빠지면 해바라기를 보고 거베라 꽃으로 인식할지도 몰라. 칸트 군은 주관적 인식도 인식이라고 말함으로써 대상 우위의 인식론을 인식 우위의 인식론으로 바꾸었네. 이런 점에서는 충분히 '철학의 코페르니쿠스적 전환'을 이루었다고 일컬을 만하군.

토론자들의 주장 정리

❶ 자연과학의 수식도 경험에 의해 획득된 진리다. (베이컨)

❷ 진리는 인간의 선천적인 이성에 의해 판단할 수 있다. (데카르트)

❸ '1+1=2'라는 공식은 경험과 함께 작용하는 '감성'과 합리적 '오성'의 공동 작업에 의해 생겨난 '이론이성'의 선물이다. (칸트)

ROUND 12

세계를 둘러싼 일원론과 이원론의 싸움!

이상적 철학에 입각한 이원론과 현실적 철학에 입각한 일원론…. 둘 중 어느 쪽이 옳은가는 오랫동안 철학적 논쟁거리였다. 과연 어느 쪽이 승리할 것인가? 또 신의 나라와 현실 세계를 나누는 신앙의 입장은 어떻게 생각해야 할까?

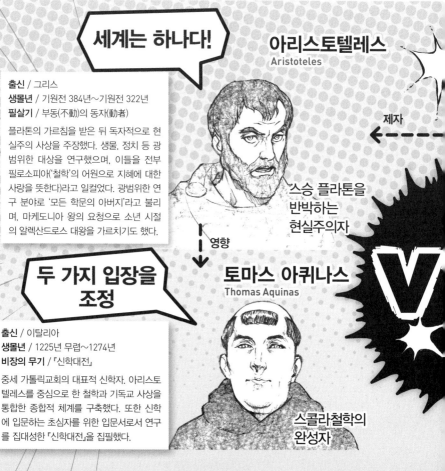

세계는 하나다!

아리스토텔레스
Aristoteles

출신 / 그리스
생몰년 / 기원전 384년~기원전 322년
필살기 / 부동(不動)의 동자(動者)

플라톤의 가르침을 받은 뒤 독자적으로 현실주의 사상을 주장했다. 생물, 정치 등 광범위한 대상을 연구했으며, 이들을 전부 필로소피아('철학'의 어원으로 지혜에 대한 사랑을 뜻한다)라고 일컬었다. 광범위한 연구 분야로 '모든 학문의 아버지'라고 불리며, 마케도니아 왕의 요청으로 소년 시절의 알렉산드로스 대왕을 가르치기도 했다.

제자

스승 플라톤을 반박하는 현실주의자

영향

두 가지 입장을 조정

토마스 아퀴나스
Thomas Aquinas

출신 / 이탈리아
생몰년 / 1225년 무렵~1274년
비장의 무기 / 『신학대전』

중세 가톨릭교회의 대표적 신학자. 아리스토텔레스를 중심으로 한 철학과 기독교 사상을 통합한 종합적 체계를 구축했다. 또한 신학에 입문하는 초심자를 위한 입문서로서 연구를 집대성한 『신학대전』을 집필했다.

스콜라철학의 완성자

이 세계와 다른 별세계가 있을까?

플라톤
Platon

소크라테스의 가르침을 이어받은 이상주의자

스승 ➡

출신 / 그리스
생몰년 / 기원전 427년~기원전 347년
이것만은 꼭 말하고 싶다 / 이데아는 영원불멸하다!

소크라테스의 제자이자 아리스토텔레스의 스승인 고대 그리스의 철학자. 소크라테스를 화자로 설정한 대화 형식의 저작들을 남겼고, 학교과 아카데미아를 창설해 후진을 대거 양성했다.

세계는 둘이다!

영향

아우렐리우스 아우구스티누스
Aurelius Augustinus

교부철학의 완성자

출신 / 알제리
생몰년 / 354년~430년
좌우명 / 너의 오늘은 영원하다

기독교를 국교로 삼은 로마제국에서 신앙의 이론적 구축에 크게 기여한 신학자이자 철학자. 이민족 침공의 위기를 맞이해 '지상의 나라'와 '신의 나라'라는 두 나라의 역사로 세계를 파악한 『신국론』을 저술했다.

우리가 사는 이 세계와는 전혀 다른 별세계(別世界)가 있을까? 평소 사람들은 이런 물음을 별로 생각하지 않을지도 모르겠군. 그러나 우리는 사후에 천국이나 지옥에 간다고 생각하기도 하고, 3차원 외에 다른 차원이 있을 수 있다는 것도 알고 있네. 우리가 지닌 개념들도 다른 세계에서 온 것이 아닌지 생각해볼 수 있겠지. 세계는 하나일까?(일원론) 아니면 둘일까?(이원론) 이번 라운드에서는 우리가 별 의식 없이 생각하는 별세계에 대해 생각해보려 하네.

스승님은 과연 다르시군요. 훌륭한 논제를 내주셔서 감사합니다. 마침 제 전문 분야기도 하네요. 그러면 먼저 **삼각형**에 대해 생각해보지요. 삼각형의 정의는 내각의 합이 180도이고 세 개의 직선으로 둘러싸인 도형입니다. 거기, 아리스토텔레스 군! 자네가 이 종이에 삼각형 좀 그려보게.

(아직도 어린 제자 취급이시네….)

자, 이렇게 **종이에 그려진 그림**을 삼각형이라 불러도 좋을

삼각형 플라톤은 피타고라스학파의 가르침을 받아 수학이나 기하학을 중시했고, 삼각형 등 누구나 머리에 금방 떠올릴 수 있는 형상을 가지고 논의하는 경향이 있었다.

종이에 그린 그림(≠삼각형)   제대로 삼각형이라고
                              인식할 수 있다

까? 안 되지. 이렇게 부정확한 그림을 '삼각형'이라고 부를 수는 없어. 실제로 자연계에는 정확한 직선이라든가 정확한 삼각형은 존재하지 않으니까. 그럼에도 이렇게 그려진 그림을 보고도 삼각형이라고 인식할 수 있는 건 우리가 다른 세계에 존재하는 진정한 삼각형을 보고 있다는 말이 아니겠는가?

아리스토텔레스

다른 세계라고요? (아이고, 하고 싶은 말씀만 혼자 마음껏 하시는군!)

플라톤

그 세계를 **이데아계(예지계)**라고 해. 그곳에 진정한 삼각형으로 존재하는 '이데아'의 원형이 있는 거지. 한편 여기 우리가 살고 있는 세계를 '현상계'라고 하네. 우리는 이 세계에서 삼각형 비슷하게 생긴 것을 이데아 세계에 있는 삼각형과 맞추어 인식할 뿐이야. 다시 말해 세계는 지금 여기 우리 육체가 있는 현상계와 이데아가 있는 이데아계 두 가지로 구성되네. 이원론이 맞아.

아리스토텔레스

스승님, 제발 고정하십시오. 스승님의 '이야기'는 더 이상 참고 들어드릴 수가 없군요. 이데아라든가 이데아계 같은

이데아(idea) 사물의 영원불멸하는 보편적인 참 존재(본성)를 가리킨다. 플라톤은 사물의 본질, 진실의 모습을 이데아로 파악하고, 현실 세계에서는 확실하게 인식할 수 없는 진, 선, 미는 이데아의 세계에 존재하는 이데아계의 매개를 통해 본질적인 모습을 볼 수 있다고 주장했다.

것을 전 제 눈으로 본 적이 없습니다. 이데아계가 있다는 전제는 단지 선생님이 지어낸 이야기일지 몰라요. 우리가 살고 있는 세계에 따로 별세계 따위는 없고 다만 지금 여기 있는 현실 세계만 있을 뿐입니다. 제 입장은 일원론입니다.

플라톤

호오, 그런가? 이제 자네도 제법 내 앞에서 곧잘 자기주장을 하게 됐군! 좋네, 일단 들어보지.

아리스토텔레스

우리는 하나의 사물 안에 내재하는 네 가지 원인을 살펴봄으로써 사물의 본질을 인식한다고 생각합니다. 예를 들어 여기 커피 잔이 있다고 하지요. 이것은 점토라는 '질료'로 만들어졌습니다(질료인). 형태를 보면 액체를 담을 수 있는 디자인으로 되어 있고요(형상인). 점토를 누군가 가공해서(작용인 또는 동력인) 커피를 부어 마시려고 한다는 목적이 있습니다(목적인). 이로써 커피 잔은 커피 잔으로 존재하는 것입니다.

사원인설(四原因說) 모든 사물에는 반드시 네 가지 원인이 있다는 아리스토텔레스의 사상. 이것을 냉정하게 관찰함으로써 사물의 본질을 이해할 수 있다고 주장했다. 이후 자연과학의 사상적 심화에 커다란 영향을 미쳤다.

플라톤

네 가지 원인이라…. 그래, 바로 **사원인설**이로군.

아리스토텔레스

세계 속에서 네 가지 원인을 아는 것이 본질을 아는 것입니다. 특히 이 중에서도 목적인을 이해하는 것이 가장 중요합니다. 사물을 냉정하게 관찰하는 활동(테오리아theōriā 또는 관상觀想)은 하나의 세계에서 행해지고 있을 뿐, 별세계에서 이루어지는 것이 아닙니다.

플라톤

그러니까 결국 일원론이라는 말이군.

아리스토텔레스

그렇습니다. 내친 김에 한마디만 더 여쭙겠습니다. 스승님이 말씀하시는 이데아를 감각적으로 지각할 수 있을까요?

플라톤

이데아를 감각적으로 지각할 수는 없네. 이데아는 이성에 의해 떠올리는(상기) 것밖에 할 수 없으니까.

아리스토텔레스

어째서 눈으로 본 적도 없는 이데아를 떠올리는 것이 가능합니까?

플라톤

그야 간단하네. 우리의 영혼은 태어나기 전에 천상계, 즉

상기(想起) 플라톤에 따르면 이데아계에 있는 이데아는 이성을 갖고 현상계에서 보거나 체득한 거짓 사물을 떠올림=상기함(anamnesis)으로써 참으로 인식할 수 있다고 말했다. 플라톤은 상기설의 입장에 서서 강고한 이원론을 주장하기에 이르렀다.

이데아의 세계에 존재하고 있었네. 그리고 태어나자마자 현상계의 육체와 결합했지. 따라서 현상계에 있는 우리의 영혼은 필연적으로 이데아를 그리워하는 걸세. 이런 마음과 욕구를 에로스(eros)라고 하지.

현상계에 있으면서 이데아의 세계를 그리워한다고요?

그렇다네. 아까 든 예로 말하면 우리는 자네가 그린 삼각형을 보자마자 이데아에 비추어 어떤지를 보는 것일세. 그러면 이데아의 삼각형과 비슷하다는 느낌이 들어 반가움을 느끼게 되지. 잊어버린 것을 떠올리는 거야. 상기하는 것이지. 이렇게 해서 우리는 현상계에 있는 불완전한 삼각형을 진짜 삼각형이라고 인식하는 것이네.

그렇지 않습니다. 실제로 있는 삼각형조차도 삼각형의 모양 자체에 의미가 있는 것이 아니라 그것이 수행해야 할

에로스란 무엇인가?

에로스는 그리스 신화에 나오는 미의 신 아프로디테의 아들이자 사랑의 신이다. 플라톤은 에로스를 자신에게 결여된 것을 향한 욕구라고 정의했다. 인간은 진, 선, 미를 추구하는데, 그것을 가능케 하는 영혼이 바로 에로스다. 플라톤에 의하면 인간은 아름다운 것, 위대한 행위를 목도하면 마음이 떨린다. 영혼 안에 새겨진 이데아계의 기억, 사람이 신이었던 무렵의 기억이 불러일으켜지기 때문이다.

목적이나 모양, 원료, 질료가 중요합니다. 삼각형의 모양을
띠고 있는 개별적 사물에 의미가 있는 것이죠.

플라톤

커피 잔 이외에 다른 예를 들 수 있겠나?

아리스토텔레스

네, 그러면 이집트의 피라미드를 예로 들까요? 피라미드는
사각추 모양을 띠고 있습니다. 그런데 모양 자체가 본질은
아니지요. 수행해야 할 목적, 즉, 모양이나 원료, 질료에 의
해 왕을 매장하기에 어울리는 무덤이라는 점이 본질입니
다. 우리의 철학적 사고가 지닌 본질은 언제나 개별적 사
물에 내재하는 네 가지 원인을 관찰하고, 세계가 나아가야
할 목적을 직시하는 것이지요. 그저 손쉽게 별세계가 실재
한다고 상정해서는 안 됩니다!

플라톤

그렇다면 아리스토텔레스 군에게 묻겠네. 세계가 나아가
야 할 목적이란 도대체 무엇인가?

아리스토텔레스

악기 플루트를 예로 들어 생각해보지요. 스승님께서는 플
루트의 이데아 같은 것을 떠올리시는 듯한데, 저는 그렇지
않습니다. 플루트는 금속으로 만들어져 있어요(질료인). 길
고 가늘고 속이 비어 있고요(형상인). 기술자가 가공했고(작
용인·동력인), 아름다운 음악을 연주하기 위해서 존재합니
다(목적인). 그렇지요? 이 세계에서 아름다운 음악을 연주

하기 위해서 말입니다. 한마디로 플루트는 아름다운 음악을 연주할 수 있는 사람에게 배분되는 것이 바람직합니다.

플라톤

자네가 말하는 사원인설로 플루트를 설명한 것은 잘 이해했네. 그러면 목적인으로서 음악을 연주하는 행위는 왜 이루어지는가?

아리스토텔레스

그것은 이 세계의 미덕과 선을 실현하기 위해서입니다. 우리를 둘러싸고 있는 모든 사물은 선을 목적으로 운동하고 있어요. 수험생이 대학 입학을 목표로 삼는 것도, 의사가 환자를 수술하는 것도, 부모가 자식을 낳고 기르는 것도, 궁극적인 목적은 탁월함(arete)을 지향하는 것입니다. 오늘날에도 세계는 탁월함을 지향하며 운동하고 있어요. 선생님의 이데아론은 이 세계의 운동에 대해서 잘 설명해낼 수 없습니다.

플라톤

흠, 그렇단 말이지…. 탁월함을 향해 세계는 움직인다, 이 말이로군. 그러나 그렇게 되면 탁월함을 실현하는 세계는 현실의 세계와는 다른 별세계, 즉 이데아계에 있는 것은 아닌가?

부동(不動)의 동자(動者) 아리스토텔레스는 지구 주위를 도는 우주가 원 운동에 의해 규칙적으로 움직이고 있다고 생각했다. 그리고 그 원 운동의 근본 원인을 그 무엇 의해서도 움직여지지 않고 그 자체의 원인으로 움직이는 '부동의 동자'라고 정의했다. 아퀴나스는 이것을 신이라고 보았다.

아리스토텔레스

아니지요. 이 세계 안에서 일어나는 일련의 운동이 탁월함을 실현해가는 것입니다. 탁월한 세계는 신, 그러니까 **부동의 동자**에 의해 규정되고 있고, 인간은 지금 존재하는 세계 안에서 탁월한 세계를 완성하기 위해 운동하고 있다고 생각합니다.

플라톤

인간이 탁월한 세계를 지향한다는 점에서는 나도 같은 의견이네. 그러나 나는 이 세계에 탁월한 세계가 있다고 믿을 수는 없어. **동굴의 비유**를 들자면 우리는 동굴 속에서 입구에 등 돌린 채 묶여 있는 죄수와 같네. 우리는 그림자를 보고 있으면서도 그것을 실체라고 단단히 믿고 있을지도 몰라.

아리스토텔레스

현실의 모든 것이 허상이란 말입니까?

플라톤

이데아계에 비추어 드러난 거짓의 현실세계에 지나지 않는다는 말이네. 동굴 안에는 탁월함이 없고, 모든 것이 거짓 우상이지. 그러니까 우리 철학자가 태양이 있는 쪽, 즉

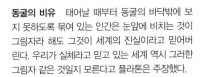
동굴의 비유　태어날 때부터 동굴의 바닥밖에 보지 못하도록 묶여 있는 인간은 눈앞에 비치는 것이 그림자라 해도 그것이 세계의 진실이라고 믿어버린다. 우리가 실체라고 믿고 있는 세계 역시 그러한 그림자 같은 것일지 모른다고 플라톤은 주장했다.

이데아계로 이끌어야만 인간은 자신과 세계의 참된 모습을 깨달을 수 있어. 이것이 내가 생각하는 **철인정치**일세. 인간이 탁월함을 지향하는 것은 당연하지만, 동굴 안에서 그것을 추구해서는 안 되네. 마땅히 이데아계에서 추구해야 할 것이야.

아우구스티누스

잠깐 두 분 말씀을 듣다보니 저도 한 말씀 드리고 싶습니다. 플라톤 선생님이 자기 세계로 빠져들기 시작했으니 제가 좀 보충하고 싶군요. 세계는 틀림없이 두 개가 있습니다. 바로 신이 지배하는 신의 나라와 개인의 의지(자유의지)가 지배하는 지상의 나라입니다. 이 두 세계는 기독교의 대전제이고, 우리 인간은 신을 믿을까 아니면 스스로를 믿을까 사이에서 늘 갈등하고 있습니다. 보세요, 여기서 이미 이원론을 알아챌 수 있지 않습니까?

플라톤

오오! 반갑네. 아우구스티누스 선생은 기독교 신학의 입장

젊은 시절 한량이었던 교부철학(敎父哲學)의 아버지

아우구스티누스가 처음부터 기독교도였던 것은 아니다. 젊은 시절에는 선악이원론의 마니교 신앙을 가졌고, 그 후 신플라톤주의에 기울었다가 기독교로 귀의했다. 젊을 때는 방탕하게 살면서 '육욕에 지배당했었다'고 『고백록』에서 밝히고 있다.

에서 이원론에 접근하고 있군.

아우구스티누스

네, 그렇습니다. 기독교도는 하루하루를 두 세계 사이의 갈등과 싸움 속에서 살아가며 최종적으로는 반드시 신의 나라가 승리할 것을 믿습니다. 일찍이 아담과 이브는 자유의지를 남용해 신과 한 약속을 깨고 금단의 열매인 선악과를 먹음으로써 **원죄**를 지었습니다. 바울은 예수가 십자가 위에서 죽음으로써 인간의 원죄가 속죄받았다고 주장했지만, 저는 생각이 다릅니다. 고백하건대 신이 아니라 자기 자신을 믿으려고 하는 경향이 남아 있는 이상, 원죄는 계승되고 있습니다.

아리스토텔레스

쳇! 기독교 신학자가 나타나 스승님의 편을 들다니….

아우구스티누스

우리 인간에게는 신의 나라가 승리할 것을 믿고, 또 매일같이 신의 은혜인 은총과 신의 예정(豫定)을 믿는 것 외에 다른 구원은 없습니다. 신이 지배하는 신의 나라와 개인의 의지(자유의지)가 지배하는 지상의 나라라는 발상은 플라톤

철인정치(哲人政治) 플라톤은 자신의 저서 『국가』에서 이상 국가를 실현하는 방법으로 진리와 선을 아는 소수의 철학자가 정치를 전담하는 철인정치를 제시했다.

원죄(原罪) 인간이 태어나면서부터 짊어지는 죄를 말한다. 아우구스티누스는 인간이 오직 신의 은총에 의해서만 구원받는다고 주장했다. 자유의지를 따라 올바른 생활을 한다면 신의 은총 없이도 구원받을 수 있다고 설파한 펠라기우스와 격렬하게 대립했다.

선생님이 설명하는 이데아계와 현상계의 이원론적 세계를
물려받은 것입니다.

아퀴나스

기독교 신학의 입장에서 저도 한마디 거들겠습니다. 확실
히 신을 설명하려고 하면 현실세계와는 다른 신의 나라가
등장한다는 것은 잘 알지요. 이런 의미에서 전 일원론자는
아닙니다. 그러나 아리스토텔레스 선생님도 존경하고 있
습니다. 선생님께서 부동의 동자로서 신을 상정했기 때문
이지요.

아리스토텔레스

아우구스티누스 선생보다 훨씬 후세 사람인 중세 신학자
가 날 알아봐주는군!

아퀴나스

이제까지 신학과 철학은 서로 대립해왔다고 생각합니다.
제가 개설한 신학교(**스콜라**)에서는 다음과 같이 말하고 있
어요. '철학은 신학의 하녀'라고요. 한마디로 신학에 나오
는 신을 설명하는 수단으로서 철학이 있는 것입니다. 이렇
게 신앙(신학)과 이성(철학)을 조화시키는 것이 중요하지 않
을까요?

스콜라(schola) 본래는 학교(스쿨)를 가리키는
말인데, 중세 유럽에서는 기독교 신학자와 철학자
를 가르치는 학교를 뜻했다. 그곳에서 확립된 학문
스타일을 스콜라학이라고 부른다. 토마스 아퀴나스
는 대표적인 스콜라 학자로, 그의 저서인 『신학대
전』이 학교의 교과서처럼 사용되었다.

소크라테스

아아, 정말 재미있는 토론이었네. 우선 플라톤 군은 머릿속에 그린 관념을 주제로 이원론을 전개한 반면, 아리스토텔레스 군은 실재를 주제로 일원론을 전개했네. 이렇게 두 사람을 보면 플라톤 군은 이상적인 철학, 아리스토텔레스 군은 현실적인 철학이라고 할 수 있겠지.

가톨릭의 기독교 신학에서 교부철학의 아버지인 아우구스티누스 군이 플라톤의 이원론으로 신의 나라와 지상의 나라에 대해 설명한 것은 참 흥미로웠네. 또한 토마스 아퀴나스 군이 아리스토텔레스의 부동의 동자인 신을 무기로 삼아 신앙과 이성의 조화를 꾀하려고 한 것도 놀라웠어. 누구에게 금메달을 주어야 할지 고민하기보다는 양쪽의 주장을 모두 음미하는 것이 중요하겠지.

토론자들의 주장 정리

❶ 세계는 현상계와 이데아계 두 가지로 성립되어 있기 때문에 이원론이 옳다. (플라톤)
❷ 세계의 목적은 개체에 내재하는 사원인설로 설명할 수 있기에 일원론이 옳다. (아리스토텔레스)
❸ 기독교의 관점에서 보자면 신의 나라와 지상의 나라라는 이원론이 분명하다. (아우구스티누스)
❹ 신의 나라를 중시하면서도 신앙과 철학의 조화를 지향해야 한다. (아퀴나스)

ROUND 13

설명할 수 없는 것을 설명하다

다수의 철학자가 '신'의 존재를 자기 논리 안에 두었다. 철학 역시 종교일까? 개혁에 뜻을 둔 종교가와 논리적으로 신의 존재를 부정하고자 했던 철학자가 눈에 보이지 않는 존재에 대해 논의한다.

신은 존재한다!

장 칼뱅
Jean Calvin

출신 / 프랑스
생몰년 / 1509년~1564년
신조 / 이중예정설

프랑스와 스위스에서 활약한 신학자. 루터와 마찬가지로 엄격한 성서주의를 주장한 종교개혁의 대표 인물이다. 교의로는 이중예정설, 운영으로는 장로제(나이 많은 지도자가 집단을 통치하는 형태)를 주장해 신교의 형성에 큰 영향을 끼쳤다. 대표 저서로 『기독교강요(綱要)』 등이 있다.

자본주의의 기초를 닦은
신학자

카를 야스퍼스
Karl Jaspers

출신 / 독일
생몰년 / 1883년~1969년
입버릇 / 한계상황

실존주의를 주창한 철학자. 처음에는 정신병리학을 연구했지만 어느 정도 인정을 받은 뒤 철학 연구의 길로 들어섰다. 나치스에 저항하는 바람에 대학에서 쫓겨났다가 나치의 패전 후 복귀했다. 대표 저서로 『정신병리학 총론』, 『철학의 근본문제』, 『역사의 기원과 목표』 등이 있다.

얼굴은 무섭지만 성격은 상냥하다!
파시즘에 저항한 철학자

신은 존재할까?

신은 존재하지 않는다!

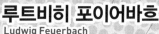

루트비히 포이어바흐
Ludwig Feuerbach

출신 / 독일
생몰년 / 1804년~1872년
좌우명 / 종교는 무의식적 자기의식이다

헤겔의 가르침을 받은 헤겔좌파의 대표자. 나중에 스승의 사상과 결별하고 유물론을 주장하며 절대자인 신을 부정했다. 베이컨 이래 신학으로부터 변용된 철학에 일대 전환을 가져오면서 마르크스에게 큰 영향을 미쳤다.

종교학보다 인간학

프리드리히 니체
Friedrich Wilhelm Nietzsche

출신 / 독일
생몰년 / 1844년~1900년
필살기 / 초인(Übermensch)

19세기 후반의 철학자. 기독교 지배로 인한 유럽 문화의 퇴폐를 주장하면서 새로운 가치의 수립을 부르짖었다. 대표 저서로 『차라투스트라는 이렇게 말했다』, 『비극의 탄생』 등이 있다.

신을 부정할 수 있는 초인

5

소크라테스

인간에게는 개인의 의지만으로 어떻게 해볼 도리가 없는 일이 있게 마련이지. 예를 들면 대지진을 사전에 예측한다든지 사람의 생사를 완전히 조절하는 일은 불가능해. 이렇게 무력한 인간과 대비시켜 전지전능한 신의 존재를 주장하는 사람도 있지만, 그렇다고 단순히 신을 긍정하고 말 문제는 아니야. 이번에는 '신은 존재하는가?'라는 인류의 영원한 과제를 두고 자유롭게 이야기하는 시간을 가져보겠네.

칼뱅

우선 나부터 논쟁의 포문을 열어보겠소. 난 후세에 **마르틴 루터**와 나란히 종교개혁의 기수, 급진적인 프로테스탄트의 우두머리라고 일컬어지는 사람입니다. 따라서 내가 기독교인이자 신학자라는 전제를 잊지 말아줬으면 좋겠소.

포이어바흐

그 점은 충분히 이해하고 있습니다. 따라서 무신론 쪽에 서 있는 제 논쟁 상대로서 부족함이 없는 분이라는 생각이 드는군요.

칼뱅

오, 포이어바흐 선생! 그럼 논쟁을 시작해볼까? 인간이라면 누구나 '자유의지'로 태어나는 것은 아닐세. 하지만 살다가 문득 정신을 차려보면 자기가 어떤 '운명'을 타고났

마르틴 루터(Martin Luther) 16세기 전반 독일의 종교개혁가로서 로마 가톨릭교회의 면벌부(헌금을 대가로 천상의 벌을 면해준다는 서류) 발행을 비난했다. 〈95개조 반박문〉을 게시함으로써 가톨릭을 비판하고 종교개혁을 일으켰다.

는지 느껴질 때가 있을 거야.

포이어바흐

네…. 제가 베를린대학에서 헤겔 선생님의 강의를 듣고 신학에서 철학으로 옮겨간 것도 운명적인 사건이라고 느낍니다.

칼뱅

그런 일이 있었나? 자네 사정이야 알 거 없고…. 이를테면 가정환경이나 개인의 사회적 신분, 지병처럼 자기 힘으로 어떻게 해볼 수 없는 일이 사람에게는 늘 있는 법이지. 태어나면서부터 자유의지로 결정할 수 없는 요소가 있다고 한다면 역시 신의 존재를 인정하는 수밖에 없지 않을까?

포이어바흐

아니, 잠깐만요! 모든 것을 스스로 결정할 수 없는 인간이 모든 것을 자신이 결정할 수 있는 이상적인 존재로서 신을 상정한다면, 과연 신이 인간의 지혜를 초월한 존재가 될 수 있을까요? 신은 지금 바로 칼뱅 선생님이라는 사람의 머릿속에서 날조된 존재는 아닐는지요? 제가 자신 있

자본주의와 칼뱅

이것만은 꼭 알아두자!

칼뱅의 가르침을 따르는 신자(프로테스탄트)들은 구원의 자각을 얻으려고 하기 때문에 금욕적인 생활과 노동에 힘쓰는 직업관이 형성되기 쉬웠다고 한다. 서구 자본주의 발전의 초석이 된 요소와 프로테스탄트의 관계를 논의했던 책이 바로 20세기에 활약한 사회학자 막스 베버(Max Weber)의 『프로테스탄티즘 윤리와 자본주의 정신』이다.

게 말합니다만, 인간의 이상을 신에게 투영해 만들어낸 허구야말로 신의 정체라고 해야 할 겁니다.

칼뱅

그래? 하지만 자네 말처럼 만약 신이 인간의 머릿속에서 만들어진 것이라면 그런 인간의 머릿속을 만들어낸 근원적인 존재는 무엇이겠나? 포이어바흐, 이 질문에 대답할 수 있겠나?

포이어바흐

전 **유물론**자입니다. 인간 그 자체의 존재는 물질이라고 생각해요. 관념적인 '사고'란 인간이 사회적 관계를 맺고 살아가는 가운데 생겨나는 것에 지나지 않습니다.

소크라테스

호오, 그것 참 재미있군. 자네 스승인 헤겔 선생은 독일 **관념론의 완성자**라고 일컬어지고 있지 않은가?

포이어바흐

그렇습니다. 그러나 전 헤겔 선생님으로부터 관념론과 동시에 변증법을 배웠어요. 그것을 발전적으로 계승한 결과 유물론에 이르렀지요. 그런 뜻에서 마르크스나 엥겔스와 비슷하다고 할 수 있겠군요.

유물론 인간의 정신을 물질로 환원해 설명할 수 있다는 사상. 여기에 대립하는 것이 관념론인데, 관념론에서는 정신이 세계의 주체이며 인간이 평소 인식하는 사물은 거짓에 지나지 않는다고 생각한다. 플라톤, 칸트, 헤겔이 대표적 관념론자다.

관념론의 완성자 독일 관념론의 완성자라 불리는 헤겔의 관념론 철학은 포이어바흐의 입장인 유물론과 대립하는 사상이다. 포이어바흐는 헤겔의 가르침을 받은 뒤, 독자적인 사상을 내세우며 그와 대립하는 입장으로 돌아섰다.

칼뱅

그렇다면 물질이란 어디에서 생겨난 것인가? 누가 만든 것이지? 그것은 아무도 모르네. 그러니까 인간의 지혜를 초월한 것이 곧 신이 아니겠는가?

포이어바흐

아니, 그렇지 않습니다. 그것까지 포함해서 물질이라고 해야 합니다. 인간은 자신에게 아직 불분명한 것, 또는 이러했으면 좋겠다고 간절히 바라는 이상과 소망에 대해 '신'을 동원해 임시변통으로 설명해버립니다. 그러고는 거꾸로 인간이 날조해낸 신에게 거스르지도 못하고 철저하게 지배당하고 있지요. 이렇게 인간 본연의 모습에서 일탈해버린 상태를 저는 '소외'라고 부릅니다.

칼뱅

소외라고? 그게 뭔가?

포이어바흐

본래 자기 내부에 있는 것을 자기로부터 멀리 떨어진 외부 (신)에 투영하고, 도리어 그것에 지배당하고 마는 상태를 소외라고 부르고 있습니다.

소외(Entfremdung)란 무엇인가?

독일어로 외부에 분리되어 있는 서먹서먹한 상태라는 뜻이다. 포이어바흐는 인간이 만든 관념인 '신'이이라는 존재가 외부로 떨어져나가 도리어 인간을 지배하고 있는 양상을 가리켜 '소외'라고 불렀다. 한편 마르크스는 노동이 자기실현이 아닌 고통으로 변하는 것을 '노동의 소외'라고 불렀다(1라운드 36쪽 참조).

소크라테스

인간이 본래의 모습에서 일탈해버린 상태란 어떤 상태를 말하는가? 좀 더 자세히 설명해보게.

포이어바흐

사고방식, 이념, 확신, 정해진 규칙같이 머릿속에서 쥐어짜낸 관념이 제멋대로 인간의 머리를 떠나 독립해서 살아 있는 인간을 구속하고 생생한 개개인의 삶을 희생시키는 것. 이것이 바로 제가 말하는 소외입니다.

칼뱅

말하자면 인간은 신을 만들어냄으로써 스스로 소외를 당하고 말았다는 뜻인가?

포이어바흐

그렇지요. 제가 배운 헤겔 철학에도 인간의 자기소외 개념이 있었습니다. 헤겔 선생님은 세계정신이 인간이나 사회를 자유로 향하게 한다고 규정했습니다만, 제가 보기에는 그 '세계정신'이라는 개념도 인간의 믿음을 외부에 투영한 것에 지나지 않아요. 실로 인간이 지어낸 것이 인간을 지배한다는 역설입니다. 다시 말해 소외의 일례라고 할까요?

칼뱅

그러면 자네가 생각하는 신이란 무엇인가?

포이어바흐

신의 의식은 인간의 자기의식이며, 신의 인식은 인간의 자기 인식입니다. 결국 인간과 인간의 신은 하나지요.

216

칼뱅

자네는 모든 것을 물질로 설명할 수 있다고 하는데, 그것 역시 정체를 알 수 없는 '물질'이란 개념을 끌고 들어와 아 직껏 불분명한 것을 임시변통으로 설명하고 있는 데 지나 지 않는 게 아닌가?

포이어바흐

그럴까요? 정체를 알 수 없는 물질이란 기껏해야 지금까 지 아직 알아내지 못한 물질일 뿐입니다. 머지않아 합리적 으로 정체를 밝혀낼 수 있다면 하등 문제될 것이 없지 않 습니까?

칼뱅

그러면 물질이 아니라 인간의 경험이나 행동을 이끌어내 는 신의 힘에 대해 논의해보세. 예를 들어 왜 인간은 일을 하는지 생각해보게. 신의 존재가 없다면 인간이 근면하게 일할 수 있을까?

포이어바흐

노동과 신은 아무런 관계도 없습니다. 왜 인간은 일을 하

또 하나의 무신론

고대 그리스에서는 기원전 5세기 무렵의 데 모크리토스(Democristos) 등이 유물론적 무신론을 전개했다. 현재 일반적으로 인식 하고 있는 무신론 이외에도 기존 권력의 신 적인 요소를 인정하지 않는 입장(소크라테 스가 뒤집어쓴 누명 중 하나이기도 했다)도 당시에는 무신론으로 여겨졌다. 고대 그리 스 로마에서 신들의 권위를 인정하지 않고 일신교를 믿은 원시 기독교 신자 역시 무신 론자 취급을 받았다.

는가? 이 물음에 대해서는 저한테 영향을 받은 마르크스와 같은 입장입니다. 한마디로 **자기실현**을 위해서라고 대답할 수밖에 없네요. 신이 없다 해도, 무신론자라 해도, 자기실현은 가능해요.

칼뱅

난 다른 생각을 갖고 있네. 사람이 노동을 하는 까닭은 구원의 예정을 자각하고 싶기 때문이라고 보네. 인간은 신에 의해 이미 구원을 받는 자와 그렇지 못한 자가 미리 예정되어 있어. 나는 이것을 **이중예정설**이라고 부르네.

포이어바흐

아이쿠, 칼뱅 선생님! 예정되어 있다니요? 대체 무슨 말씀이세요? 모든 것이 신에 의해 예정되어 있다면 인간 노동에 대한 동기부여도 없을 것입니다.

칼뱅

그렇지 않아. 예정되어 있다고는 해도 우리는 자신이 신의 구제를 받을지 못 받을지 미리 알지 못해. 그렇기 때문에 노동에 힘쓰며 금욕함으로써 구원의 자각을 느끼려고 할 거야. 신에게 자신이 선택받았다고 여긴다면 올바르게 행동하고 성실하게 일하지 않겠나? 그렇게 노동을 실천하면

자기실현 잠재력을 발휘해 본래 자신의 능력을 실현하는 것을 말한다. 마르크스는 노동자가 임금을 받기 위해 남한테 부림을 당할 때와는 달리, 자발적으로 노동에 나설 경우 보람을 느끼며 자기 능력을 최대한 살릴 수 있다고 생각했다.

이중예정설 예정설이란 영혼의 구제가 인간의 의지나 행위와 관계없이 신이 자유롭게 결정한다는 기독교 논리다. 특히 칼뱅의 이중예정설은 구제받는 자와 그렇지 못한 자가 신에 의해 미리 결정되어 있다는 점을 강조했다.

서 스스로를 안심시키고 구원의 예정을 자각하려고 노력할 거란 말일세. 이 점이야말로 바로 인간 노동의 근본적인 개념이고. 이 개념이 훗날 자본주의 발전을 뒷받침했다는 분석도 있다네.

칼뱅 선생님! 노동이나 금욕에 의해 안심을 느끼려고 하는 것은 그 자체가 이미 하나의 자기실현이 아닙니까? 그런데도 신을 끌고 들어와 설명하는 점이 어쩐지 대단히 허구적으로 느껴지네요. 결코 신을 통해서만 노동을 설명할 수 있는 것은 아닙니다.

포이어바흐

말씀 중에 잠깐 실례해도 될까요? 제가 칼뱅 선생님의 의견을 좀 보충하고 싶습니다만…. 저는 신이라는 말을 감히 '초월자'로 치환해서 설명하려고 합니다. 살아 있는 한 우리에게는 아무래도 스스로 변화시킬 수 없는 **한계상황**에

야스퍼스

야스퍼스와 홀로코스트(Holocaust)

1937년 나치스 치하의 독일에서 야스퍼스는 하이델베르크 대학 철학 교수의 자리에서 쫓겨났을 뿐 아니라 다음 해에는 저작의 발표도 금지당했다. 아내 게르투르트가 유대인이었고, 그 역시 나치스에 굴복하지 않았기 때문이다. 강제 수용소에 보내지기 직전 미군이 하이델베르크를 점령한 덕분에 홀로코스트의 피해를 피할 수 있었다.

직면할 때가 옵니다. 구체적으로 꼽자면 죽음, 고통, 다툼, 죄, 이렇게 네 가지로 분류할 수 있겠지요.

음, 그렇군…. 그 네 가지는 인간의 지혜로 뛰어넘기 어려운 거대한 벽이라고 할 수 있으니까.

그런데 말입니다…. 한계상황을 직시할 때 누구나 자신을 뛰어넘는 존재(초월자)를 의식합니다. 그리고 '도와주세요!' 하고 외치며 구원을 청하게 되지요. 다시 말해 한계상황 속에서 인간은 초월자와 만나는 동시에 자신의 유한성을 깨닫습니다.

그런 상황에 놓인다면 인간은 틀림없이 누군가에게 도움을 청할 때가 있겠지. 그러나 죽음 같은 현상도 물질의 소실이라는 식으로 유물론적으로 설명할 수 있을 거야.

나도 한마디 하고 싶으니 발언 기회를 주십시오. 애초부터 신이라는 존재는 인간을 행복하게 해주기는커녕 불행에 빠뜨려오지 않았습니까? 신이라는 존재가 우리에게 부여해준 '의미'라는 것이 거꾸로 삶에 대한 우리의 상상력을

한계상황 야스퍼스의 철학 개념으로 극한상황이라고도 말한다. 스스로의 힘으로는 변화시킬 수 없는 상황을 가리킨다. 인간은 살아 있는 한 불가피하게 한계상황과 직면하며, 이것을 통해 각성하고 실존을 회복한다고 했다.

빼앗아가지 않습니까?

야스퍼스

니체 선생님, 어째서 그렇지요? 우리는 자신의 유한성을 근거로 서로를 문제화하고 해결하려 함으로써 더욱 인간 적으로 성장하는 게 아닐까요? 인간은 극복할 수 없는 벽, 즉 한계상황에 부딪침으로써 비로소 자신이 더욱 커다란 존재의 품에 안겨 있다는 것을 깨달을 수 있습니다. 이것 이 내가 실존을 되찾는 방식이지요.

니체

무슨 헛소리? 그렇지 않네. 우리는 모든 종교나 철학, 도덕 이 허상이라는 것을 깨닫고 신을 '살해'하고 '신은 죽었다' 고 선언하지 않았던가? 내가 살았던 19세기 후반 이래 서 양의 기독교적 가치관은 몰락했어. 그 뒤에 어떻게 되었는 지 아는가?

야스퍼스

네, 압니다, 니체 선생님! 기독교를 대신하는 가치관이 대

리오타르의 '거대서사의 종언'

이것만은 꼭 알아두자!

20세기 후반 이후 파시즘과 공산주의 같 은 거대서사가 지배하는 시대(모던)가 끝나 고, '전체성'에 대한 신뢰가 사라지고 개별 적이고 단편적인 사상인 미시서사가 난립하 는 시대(포스트모던)가 왔다는 주장이 힘을 얻었다. 포스트모던 철학자 리오타르(Jean

François Lyotard)는 고도로 발달된 자본 주의 정보화 사회 속에서 서사는 소비 대상 으로 전락하고, 대중문화(pop culture)로부 터 다양한 하위문화(subculture)로 이행한 다고 보았다.

두했지요. 파시즘이나 마르크스주의, 공산주의 같은 것이…. 그러나 그런 것들도 20세기 후반에 들어서면 서서히 힘을 잃고, 온갖 주의와 사상, 종교를 인정해야 한다는 문화상대주의가 일반적이 되었어요. 20세기 후반의 프랑스 철학자인 리오타르는 "포스트모던이란 거대서사의 종언"이라고 말했다고 합니다.

니체

흥, 그러면 그렇지! 모든 것이 무의미한 세계가 찾아왔군. 사람들이 의지하고 또 구속당해온 신이나 강력한 이데올로기가 없는 세계…. 그것은 허무의 도래, 실로 **허무주의**의 도래라네. 허무의 세계 안에서는 스스로가 새롭게 가치를 계속 창조하려는 의지, 즉 '권력의지'를 가져야 해.

칼뱅

니체 선생, 허무주의의 세계 안에서 권력의지를 갖는 것이 무슨 의미가 있다는 말인가?

니체

허무주의의 세계란 절대적인 진리나 가치가 애당초 존재하지 않고, 시작도 끝도 없으며, 고정된 의미 따위는 없는 똑같은 인생이 되풀이되는 '영원회귀'의 세계지요. 모든 가치가 무의미해진 세계이기 때문에 그 자체를 받아들이고 스스로 새로운 가치를 내세울 필요가 있죠. 이것이야말로 권력의지이며, 진정한 강함일 겁니다! 나는 이런 삶이 가능하도록 씩씩하게 살아가는 인간상을 **초인**이라고 부르지요. 초인이 창조하는 세계에서는 신 따위에 기댈 필요가 없습니다.

하지만 인간이 니체 선생이 말하는 것처럼 강한 존재일까? 인간은 모든 것을 자기 의지로 긍정할 수 있는 존재라고 생각하지 않네. 야스퍼스 군이 말한 것처럼 인간에게는 자신의 힘으로는 도저히 어떻게 해볼 도리가 없는 것이 있지. 인간은 실로 약한 존재야. 이런 자각을 부여해주는 것이야말로 신이라 할 수 있지. 신과 마주해 인간의 유한성을 받아들이는 것은 어떤 의미에서 기독교가 지닌 강함이기도 하다네.

저도 칼뱅 선생님 견해에 동감합니다. 인간은 스스로의 한계를 자각하면 신이라는 초월자의 존재를 생각하지 않을 수 없지요. 20세기 우리는 비참한 세계대전을 두 차례나 경험했고, 지금도 핵무기 같은 파멸의 위협에 직면하고 있습니다. 실로 한계상황이라 하겠지요. 이러한 시대이기 때문에 인류는 스스로의 한계를 깨닫고 신앙으로 돌아가 초월자의 존재를 의식해야만 합니다.

허무주의 니체가 말하는 허무주의의 밑바탕에는 '최고 가치들의 무가치화'라는 인식이 깔려 있다. 니체는 최고의 가치들이 구체적으로 의미하는 것으로 '기독교적, 도덕적 해석' 등을 들면서, 이를 대신할 새로운 가치의 필요성을 제기하고 있다.

초인(Übermensch) 삶의 고통을 극복하고 힘있게 자기 향상을 시도하는 인간상으로, 니체가 생각한 이상적인 인간상이다. 초인은 힘의 상징으로 여겨지기도 하는데, 니체 사후 나치즘에 악용당하기도 했다.

니체

말도 안 되는 소리! 그건 단지 약한 거야. 약한 입장에 놓인 자가 언제나 약한 모습 그대로가 좋다고 합리화하는 약자의 자기 긍정일 뿐이라고! 그런 노예도덕이야말로 기독교적 도덕이지. 그건 언제나 강자에 대한 질투, 즉 **르상티망**이 돼. 이제는 그런 노예도덕과 결별할 때도 되지 않았나?

칼뱅

니체 선생, 다시 한번 자네에게 묻고 싶군. 인간은 정말로 그렇게 강한 존재인가? 현실에서 인간은 나약하네. 그 약함을 제대로 응시해보지 않겠나? 난 인간이 그렇게 해야만 행복을 이끌어낼 수 있다고 생각하는데.

니체

칼뱅 선생! 무슨 그런 흐리멍덩한 말을 합니까? 난 이래 봬도 목사 집안에서 태어나 젊을 때는 부친의 뒤를 이을 작정으로 **신학을 열심히 공부**했소. 그런데 공부를 하면 할수록 그것이 '병적'이라는 걸 깨달았어요. 인간은 더욱 강해져야 합니다. 아니, 강해지지 않으면 안 됩니다. 인간은 신조차도 뛰어넘어야 해요. 신을 살해해도 됩니다! 신이라는 족쇄를 차고 있는 이상, 인간은 영원히 강해질 수 없어

르상티망(ressentiment) 원한과 복수라는 뜻이다. 니체는 기독교의 기원을 피지배자이자 약자인 유대인이 지배자이자 강자인 로마인에 대해 품은 '르상티망'에 있다고 주장했다. 그래서 '강자가 악'이고 '약자가 선'이라고 생각하는 가치관, 나아가 금욕을 선으로 여기는 가치관을 낳았다고 주장했다.

경건한 기독교인이었던 니체 루터파 목사 집안에서 태어난 니체는 어릴 적에는 무척 성실한 학생으로 다른 학생들이 '작은 목사'라고 불렀다고 한다. 대학은 신학부로 진학했지만, 어머니와 크게 다투면서까지 목사가 되는 길을 박차고 신앙마저 내버렸다.

요. 칼뱅 선생은 스스로 강해지고 싶지 않다는 말입니까?

소크라테스

니체 군의 언어는 예나 지금이나 과격하기 이를 데 없군. 그래서야 비집고 들어갈 틈이 없지 않은가? 하하하!

자, 이 문제의 대립은 인간의 자유의지가 유한한지, 아니면 무한한지에 있는 것 같군. 니체 군의 의견은 매우 그럴 듯했네. 그러나 거기에서는 자유의지를 창조하고 싶다는 바람이 엿보였어.

한편, 칼뱅 군과 야스퍼스 군은 그렇지 않은 현실을 받아들이려고 하는 것처럼 보였네. 자신의 인생을 스스로 개척하는 일은 중요하지. 그러나 때때로 인간은 절망적으로 불가능한 상황에 빠질 때도 있어. 종교는 그런 인간의 절망을 구제하는 존재였을지도 모르겠군.

토론자들의 주장 정리

❶ 인간의 지혜를 뛰어넘은 근원적인 존재를 생각하지 않을 수 없기 때문에 신의 존재는 명확하다. (칼뱅)
❷ 인간은 한계상황에서 자신의 유한성을 깨닫고 초월자인 신과 만난다. (야스퍼스)
❸ 유물론적으로 신의 존재는 인정할 수 없다. (포이어바흐)
❹ 기독교적 가치들이 허상으로 변했고, 따라서 '신'은 죽었다. (니체)

ROUND 14

회의주의를 극복할 수 있을까?

철학을 탐구하는 사람이라면 누구나 부딪치는 근본적인 의문이 있다. 진리가 과연 존재하는지에 대한 물음이다. 고금의 철학자들이 철학사적으로 가장 커다란 문제에 대해 논의한 결과는 무엇일까?

진리는 있다!

출신 / 프랑스
생몰년 / 1596년~1650년
필살기 / 나는 생각한다, 고로 존재한다

근세철학의 아버지. 생각하는 주체인 자신(정신)을 통해 존재의 기반을 세운 '나는 생각한다. 고로 존재한다'라는 말은 철학사적으로 가장 유명한 명제 중 하나다. 그의 사상은 철저하게 합리적이었지만, 사적으로는 연적과 결투를 벌이는 등 열정적인 면모도 있었다. 대표 저서로 『방법서설』 등이 있다.

르네 데카르트
René Descartes

대륙 합리론

합리주의 철학의
아버지

이마누엘 칸트
Immanuel Kant

출신 / 독일
생몰년 / 1724년~1804년
좌우명 / 내 마음 속 도덕법칙

18세기에 활약한 독일 철학자. 독일 관념론의 아버지라 불리며 피히테, 헤겔 등에게 큰 영향을 미쳤다. 『순수이성비판』, 『실천이성비판』, 『판단력비판』 등으로 비판주의적 입장을 견지했다.

독일 관념론의
아버지

이 세계에
진리는 있을까?

진리 따위는 없다!

데이비드 흄
David Hume

영국 경험론 →

인간 이성의
지리학자

출신 / 영국
생몰년 / 1711년~1776년
좌우명 / 지각의 다발

철학자이자 역사가로 로크나 버클리와 함께 영국 경험론의 권위자다. 훗날 회의론의 입장에서 독자적인 주장을 전개했다. 대표 저서로는 『인간 본성론』 등이 있다.

프로타고라스
Protagoras

철학자? 궤변가?

출신 / 그리스
생몰년 / 기원전 480년 무렵~기원전 410년 무렵
좌우명 / 인간은 만물의 척도

고대 그리스의 대표적 소피스트이자 사상가로 상대주의의 입장에서 보편적 진리를 부정하는 주장을 폈다. 최종적으로 무신론적 변설을 늘어놓았다는 죄명으로 추방당했다고 전한다. 20세기 들어 영국 철학자 퍼디낸드 실러 등에 의해 재평가됐다.

소크라테스

진리란 무엇일까? 확실하게 '있다'고 단정할 수 있는 것은 존재할까? 아마 누구나 한번쯤 생각해본 적이 있는 주제일 걸세. 철학사적으로 가장 어려운 문제 중 하나를 붙잡고 정면으로 맞붙어 탐구한 두 사람을 소개하지. 근대철학의 거인인 데카르트와 흄일세. 충분하고도 남을 정도로 '진리'에 대해 이야기해보세! 자, 시작하게!

데카르트

진리라…. 실은 전 진리라 할 수 있는 것이 무엇인지 알 수 없습니다. 매일같이 하루도 거르지 않고 진리를 계속 탐구했더니, 지금 이 순간의 경험도 꿈일지 모른다는 생각이 들었거든요. 우리가 당연하다고 믿고 있는 **인과법칙**조차 신 혹은 악마가 속이고 있는 걸지도 모른다는 의심이 머릿속에 떠올라 뭐가 뭔지 알 수 없군요.

흄

데카르트 선생님, 저도 경험에 의거해 진리를 탐구해갔습니다. 그러나 그렇게 탐구하면 할수록 진리가 무엇인지 더욱 알 수 없어졌습니다. 로크(John Locke)의 사상적 영향을 강하게 받았던 제 선배 버클리(George Berkeley)는 '존재란 지각할 수 있는 것'이라고 말했는데….

인과법칙(인과율) 원인과 결과의 불가역적 법칙을 말한다. 원인이 먼저 있고 결과가 있을 뿐, 그 역은 성립하지 않는다. 예컨대 바닥에 유리컵을 떨어뜨렸다면(원인) 유리컵은 깨진다(결과). 유리컵이 깨졌기 때문에 유리컵이 바닥에 떨어졌다는 역은 성립하지 않는다. 이 원리에 따르면 모든 현상(결과)에는 반드시 그에 대한 원인이 있다고 생각한다.

아, 존재는 그것 자체로서 존재하는 것이 아니라 사람의 오감에 지각됨으로써 존재한다는 말이군.

그러나 전 지각하는 메커니즘, '정신'조차 실제로 있는지 없는지 알 수 없네요.

흐음, 의외로 두 사람이 다 겸허하고 자신의 무지에 대해서도 정직하군. 철학자로서 매우 의식 있는 태도라고 보네.

진리가 무엇인지 알 수 없게 됐다는 흄 선생의 기분은 저도 알고 있지요. 단지 흄 선생과 달리 그 회의를 진리의 탐구를 위해 사용하자고 생각했습니다. 의심하고 또 의심해 의심할 것이 다 없어졌을 때, 그럼에도 남는 것이 진리가 아닐까 해서 말이지요. 저는 이것을 '방법적 회의'라고 불렀습니다. 11라운드에서도 말했지만, 이 사고 방법에 의하면 '1+1=2'라는 수학적 진리조차 의심스러워집니다.

방법적 회의라고요? 그렇지만 저는 의심한다는 행위 자체도 경험을 근거로 삼고 있다고 생각합니다. 경험적 사실은 정말 믿어도 좋을까요? 선생님께서 믿어 의심하지 않는 것은 무엇입니까?

바로 의심하고 있는 내 자신이라는 존재일세. 의심하고 또 의심해도 이것만은 내어줄 수 없는 것 말이네. 그것은 의심하고 있는 나, 지금 사고하고 있는 내 자신의 존재라네. 이것만은 어떤 회의론자도 의심할 수 없어. '나는 생각한다, 고로 존재한다'는 것이지. 이것만큼은 모든 철학의 제1원리로 인정받아도 된다고 보네.

방금 '나는 존재한다'고 말씀하셨는데, 그렇게 딱 잘라 말할 수 있는 것도 선생님이 몇 번이나 경험해 얻어진, 이른바 **습관에 의한 신념**에 지나지 않는 것이 아닐까요?

아니, 그렇지 않아. 나는 정신의 실체 따위를 증명할 생각은 없어. 우선 내 자신이 사고의 주체인 이상 오로지 '나의 존재란 사고 안에 있다'는 것만 의심할 수 없다고 보네. 그것은 다른 사항과 명확하게 구별되고 증명이 불필요한 명석 판명한 것이거든.

아니, 그건 좀…. 제 의견을 말씀드리자면, 정신의 실체 따위는 없습니다. 그런 것이 있다면 단지 인간이 그렇게 믿

습관에 의한 신념　흄은 객관적이라고 여겨지는 것이나 현실에 있다고 여겨지는 물체, 그리고 원인과 결과의 법칙도 단지 우리가 반복적으로 경험해 습관화된 신념이라 보았다. 객관적이라고 여겨지는 것도 모두 주관의 산물에 지나지 않고, 진짜 실체가 있는 것인지는 알 수 없다고 주장했다.

지각의 다발　흄은 정신이나 자아가 그 자체로 독립적이거나 동일성을 갖고 있는 것이 아니라 보고 듣고 느끼는 다양한 체험(지각)을 반복하고 있는 데 지나지 않는다고 여겼다. 이러한 발상은 칸트에게 큰 충격을 주었고, 그의 비판 철학에 영향을 주었다.

고 있을 따름이 아닐까요? 우리가 '정신'이나 '자아'라고 부르는 것은 그저 **지각의 다발**에 불과합니다.

지각의 다발이라···. 훌륭합니다! 난 흄 선배님의 이 말로 독단적인 꿈에서 눈을 번쩍 뜨게 되었습니다.

오, 칸트 선생인가? **대륙의 철학자**들은 감각적 인식을 경시하고 무엇이든 이성으로만 이해할 수 있다고 생각하는 경향이 있는데, 자네는 의외로 유연하구만!

그리 말씀해주시니 감사합니다. 전 선생님의 경험론을 알고 있었고, 인간의 이성을 철저하게 분석하고 비판해보았습니다. 그 결과 이성의 힘은 유한하고 인간의 사고로는 절대 해결할 수 없는 명제가 있다는 것을 알았습니다.

흥! 이성이 유한하다는 구체적인 증거라도 있나?

인간이 '무한'에 대해 생각할 때 절대 해결할 수 없는 모순에 부딪치게 됩니다. 그것을 **이율배반**이라고 하죠. 이를테

대륙 합리론과 영국 경험론 유럽의 대륙 철학자인 프랑스의 데카르트, 네덜란드의 스피노자, 독일의 라이프니츠 등은 태어나면서부터 인간에게 보편적으로 주어진 이성의 힘으로 진리에 도달할 수 있다고 생각했다. 한편 영국의 베이컨, 로크, 흄 등은 인간은 선천적으로 관념을 갖고 태어나는 것이 아니며 모든 지식은 경험에 근거한다고 주장했다. (11라운드 참조)

면 시간이나 공간에 시작과 끝이 있을까요? 물질은 무한하게 쪼개질 수 있을까요? 이런 문제들은 그렇다고도 할 수 있고, 그렇지 않다고도 할 수 있어요. 바로 인간의 인식 틀에 한계가 있다는 증거이며, 우리는 진리를 그 자체로 파악할 수 없다는 말입니다. 아무리 이성을 작동시켜 진리를 찾아 헤맨다고 해도, 인간의 이성 자체가 완벽하지 않기 때문에 진리에 도달할 수 없는 것입니다.

맞아, 그렇고말고! 이성만을 맹신하면 독단에 빠진다고!

이성을 믿지 않는다니…. 내 참….

흄 선생님은 독단론에 빠져 허우적대는 철학을 구해내셨습니다. 그러나 **회의론**이라는 다른 암초에 걸려 결국은 헤어나지 못하셨어요.

흥, 회의론이 뭐가 어떤가? 어쩔 수 없지 않은가? 인간은 아무것도 알지 못해. 그것만이 진실이야.

이율배반(antinomy) 칸트는 두 가지 모순적인 명제가 팽팽하게 대립해 성립한다는 것이 인간 이성의 한계를 규정하는 근거라고 말했다. 이러한 칸트의 입장과는 달리 헤겔은 변증법을 통해 서로 대립하는 테제가 더욱 고차원의 테제로 나아간다고 주장했다.(7라운드 참조)

회의론 회의주의라고도 한다. 고대 그리스에서 시작되어 근대까지 이어지는 흐름을 잇는 철학사상이다. 인간은 보편적 진리를 인식할 수 없는 불확실한 능력을 갖고 있다는 생각이 사상의 밑바탕에 깔려 있으며 주관성과 상대성을 강조한다. 인간이 보편적인 진리에 도달하는 것은 불가능하다고 주장하는 사상이다.

진실! 지금 진실이라고 말했나? 그러면 흄 선생은 인간은 아무것도 알지 못 한다는 하나의 진리만 알고 있다는 소리 아닌가?

아니, 그런 것은 아니고…. 지금 말꼬리를 잡으시는 겁니까?

아니, 그것도 이율배반의 일례입니다. 결국 인간은 아무것도 모른다는 말조차 모른다…. 이런 식으로 쳇바퀴 돌 듯 회의론에 빠지면 사고는 한 걸음도 나아가지 못합니다.

칸트 군, 그렇지만 독단적으로 틀린 결론을 내는 것만큼 위험한 것도 없지 않은가? 이것에 대해서는 아무것도 모르겠다고 하면서 판단을 중지해야 하는 것이 아닐까?

좋습니다. 진리의 정체에 대해서는 일단 유보해두지요. 말씀하신 대로 인간은 진리를 경험이라는 색안경을 통해서만 볼 수 있습니다. 저는 인간이 직접 볼 수 없는 진리를 **물**

물자체(物自體) 현상의 배후에 있는 근원을 말한다. 칸트는 인간이 주관에 의해 현상을 구성하는 한 현상의 근원을 인식하는 것은 불가능하다고 말하면서 인간 인식 능력의 한계를 지적했다. 예를 들어 사람들이 태양의 색과 모양을 인식하더라도 각자의 실천이성의 틀에 맞추어 그 인식을 구성하기 때문에 본질로서의 태양 그 자체를 인식할 수는 없다.(11라운드 참조)

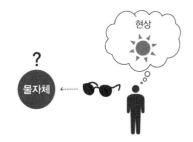

자체라고 불렀습니다. 색안경을 통해 보는 현상과 구별해서요.

흐음, 역시 확실한 것은 그 어느 것도 알 수 없다는 말이군. 결국 나와 똑같은 의견이 아닌가? 애당초 나라면 진리가 있다는 전제 자체를 의심할 테지만….

잠깐만요. 그런데 제가 흄 선생님과 다른 점은, 인식할 수 없다 하더라도 진리 자체는 존재한다고 상정한다는 점입니다. 역시 무엇인가 진리가 있다고 해두지 않으면 우리의 사색은 한 발자국도 앞으로 나아가지 못하니까요.

쳇, 파악할 능력도 없는 주제에 진리를 가정하는 것이 무슨 의미가 있을까?

그 어떤 진리도 존재하지 않는다고 하면 인간사회의 행동 규범 따위는 다 없어져버립니다. 인간의 이성은 분명히 완벽하지는 않지만, 이성의 작용은 인류 전체에 보편적이지요. 그렇다면 인간의 행동 원리나 도덕에서 공통의 규칙이나 의무를 찾아낼 수 있을 겁니다. 예를 들어 인간의 목숨을 구하는 것은 경험적이거나 기타 이유를 붙일 필요가 있는 가언명령이 아닙니다. 누구나 따라야 할 무조건적인 의무인 정언명령이라고 생각합니다. 이러한 의무는 인간에게 보편적인 것, 즉 진리라고 말해도 좋지 않을까요?

프로타고라스

흠. 난 자네들과는 시대적으로 동떨어진 고대 그리스의 인간이지만 말을 좀 보태려고 하는데, 괜찮겠지?

칸트

(재미있는 분이 끼어드는군.) 그럼요. 어서 오시지요.

프로타고라스

칸트 선생은 인간의 도덕에 보편성이 있다고 말하고 싶은 것 같군. 그런데 정말 인간에게 진리 같은 것이 있을까? 난 모두가 각자의 감각에 기초해 그때마다 상대적으로 행동하고 있다고 생각하네만.

칸트

그렇지 않아요. 예를 들어 살인은 감각적으로 '아픔이 있기' 때문이라든가 '아픔이 없기' 때문이라는 이유를 근거로 금지하고 있는 것이 아닙니다. 인간은 당연하게도, 즉 **당위**로서 무조건 행동하는 것입니다. 이를테면 지하철역

그리스 최강의 궤변가!?

프로타고라스는 지식과 변설, 그리고 그것을 선전하는 힘이 아주 뛰어났다. 그는 보수를 받고 가르치는 직업 교육가의 초창기 인물이었는데, 당시에 이런 교육가들을 소피스트라고 불렀다. 소피스트라는 단어는 원래 지혜로운 사람이라는 뜻이었지만 후세에는 궤변가라는 뜻이 되었다.

승강장에 사람이 쓰러져 있다면 우리는 무조건 도와주지 않겠습니까? 딱히 그 사람을 도와주면 돈이 생길지도 모르겠다든가 도와주지 않으면 비난을 받을지도 모르겠다는 생각을 하고 도와주는 것은 아니잖습니까?

그건 말이야, '남을 도와준다'는 이야기를 자주 접한 경험을 바탕으로 '도와주어야 한다'고 판단하는 게 아닐까?

흄

이보게, 칸트 군! 인간이 그 어떤 예외도 없이 무조건 남을 도와준다는 말인가? 그렇게 단언하는 것은 위험하지 않나? 아무래도 자네는 무리하게 도덕을 전제로 삼는 것 같군. 역사를 돌이켜보면 흉악한 범죄자도 있고, 남에게 상처를 입히고 쾌락을 느끼는 사람도 있네. 엄연한 사실이지. 예외 없이 무조건 행하는 규범이 있다는 말은 자네가 품은 이상을 억지로 밀어붙인 것이 아닐까?

프로타고라스

결코 이상을 억지로 밀어붙인 것이 아닙니다. 실제로 사람들이 선한 행위를 해왔다는 사실이 있어요. 적은 예외를 가지고 들어와 보편적인 선의지를 부정하는 것이야말로 인간의 존엄을 지나치게 경시하는 일이 아닐는지요?

칸트

당위(當爲) 칸트 윤리학의 정언명령처럼 무조건 적으로 행해야만 하는 것을 말한다.(2라운드 참조)

트라시마코스(Thrasymachos) 기원전 430~400년 무렵에 활약한 그리스의 소피스트. 정의란 강자(지배자)의 이익에 불과하다고 주장했다.

프로타고라스

허 참, 이보게! 그 선이라는 놈도 실은 상대적인 것일 뿐이야. 한 사람의 정의가 다른 사람에게 완전히 다른 의미가 되는 경우도 있어. 나와 동시대를 살았던 **트라시마코스**는 '힘이 곧 정의'라고 말했지. 한쪽의 정의는 다른 쪽의 악이라는 말이야. 그의 주장에 따르면 힘 있는 자가 약한 자를 지배하는 것이 정의나 진리가 되지. 작금의 세상을 똑똑히 좀 보게. 중동지역의 분쟁에 가담한 미국과 이슬람 과격파 중 어느 쪽이 정의롭다고 정할 수 있겠는가?

칸트

선생님의 상대주의는 결국 무엇이든 다 좋다는 것 아닙니까? 그래서야 아무 말도 하지 않는 것과 마찬가지입니다.

프로타고라스

참 답답하군. 그러니까 내 말은 **인간은 만물의 척도**라는 걸세. 다만 실제 사람들이 제각각인 만큼 척도도 다르니까 어떤 진리라도 다 성립한다는 말이네.

데카르트

엥? 그 어떤 진리도 성립한다고요? 그것은 궤변 아닙니까!

프로타고라스

뭐, 그렇다고 해두지. 나를 궤변가라고 비난하는 사람도 적지 않으니까. 그러나 상대주의는 기독교 신학이나 유물론처럼 얼핏 보기에는 흔들림 없이 확고한 세계관도 때로 상대화해서 보여줄 수 있다네.

쳇, 회의론보다 더 처치 곤란한 논리로군요.

자, 잘 들어보게. 예를 들면 현재 21세기에 미국이라는 강대국은 글로벌화라는 미명 아래 세계의 가치를 일원화하려 한다고 들었네. 한편, 미국에 도전장을 낸 이슬람 과격파는 자기들이야말로 정의라고 말하지. 한마디로 쌍방의 정의가 존재하고 있어.

다양한 입장이 있다고는 해도 정언명령은 인류에게 공통됩니다. 미국인이든 이슬람 과격파든 살인 행위가 좋은가 나쁜가를 묻는다면, 분명 나쁘다고 대답할 것입니다.

그렇지만 결국 살인은 일어나고 있지 않은가? 현실과 엇나가는 점을 어떻게 설명할 텐가?

잘못된 현실을 시정해야 하는 것이지요. 눈앞에 보이는 현실만이 진리가 아닙니다. 적어도 우리는 인간의 행동 규범에 대해서는 흔들리지 않는 하나의 원칙인 진리를 깨닫고, 그것을 통해 세계를 똑똑히 보기 위해 노력해야 합니다. 그것이 바로 철학자의 역할입니다.

인간은 만물의 척도 프로타고라스의 유명한 말로 진리의 기준은 인간 개개인의 감각이라고 보고 절대적 진리를 부정했다. 절대적 진리의 존재를 주장하는 플라톤에 반대인 프로타고라스 같은 사고방식을 상대주의라고 부른다.

소크라테스

칸트 군, 얘기 잘 들었네. 논의가 좀처럼 끝날 줄 모르는데, 이제 그쯤 해두지. 데카르트 군이 말했듯 모든 것을 의심하기 시작하면 확실하게 있다고 말할 수 있는 것은 '생각하는 나' 말고는 없네. 거기에다 흄 군은 그 자아조차 지각의 다발에 지나지 않는다고 말했지. 또한 프로타고라스 선생 같은 상대주의의 입장에서는 살인을 해서는 안 된다는 것조차 확고하지 않아. 한편 칸트 군은 인간의 인식에는 한계가 있지만 인간의 행동 규범에 대해서는 진리를 상정할 수 있다고 했네.

여기서 한 가지 말할 수 있는 것은 우리가 진리란 무엇인가를 논의할 수 있다는 것일세. 물론 진리가 있는지 없는지 하는 것까지 포함해서…. 어떤 문제라도 미리 상정한 전제를 다 버리고 일단 무지한 상태에서 논의를 계속해야 하네. 그러한 과정 속에서 진리에 가까운 무언가를 발견할 수 있을지도 모르니까.

토론자들의 주장 정리

❶ 사유하고 있는 자기 자신이라는 존재만은 의심할 여지 없이 존재한다. (데카르트)
❷ 인간에게 무조건적인 의무는 존재하며 그것이 보편적 진리다. (칸트)
❸ 회의론적으로 볼 때 인간은 보편적인 진리에 도달하지 못한다. (흄)
❹ 개개인이 판단의 기준이며, 절대적 진리는 존재하지 않는다. (프로타고라스)

ROUND 15

삶의 의미는 무엇일까?

철학이란 왜 존재하는가? 대체 철학이란 무엇인가? 또한 인간은 삶을 어떻게 살아야 하는가? 고대 인도의 석가모니와 함께 인간과 삶을 둘러싼 근원적인 문제에 관한 마지막 논쟁을 드디어 시작한다!

애덤 스미스
Adam Smith

> 자신을 위해 산다

출신 / 영국
생몰년 / 1723년~1790년
필살기 / 보이지 않는 손

경제적 자유방임주의를 주장했으며, 자본주의 사회를 처음으로 체계적으로 논의한 대작 『국부론』을 저술했다. 글래스고대학 등에서 철학 등을 가르쳤고, 같은 대학에서 논리학과 도덕철학 과목 교수로 일했다. 강의록인 『도덕감정론』도 높은 평가를 받고 있다.

근대 경제학의 막을 열어젖힌 철학자

쇠렌 키르케고르
Søren Aabye Kierkegaard

> 신과 자신의 관계 때문에 산다

출신 / 덴마크
생몰년 / 1813년~1855년
입버릇 / 자신이 그것 때문에 살고, 또 죽고 싶다고 생각하는 진리(이데Idee)

철학자이자 신학자. 헤겔의 영향을 받았으나 그후 반대 입장으로 돌아섰다. 주관주의에 기초한 독자적인 철학을 제창해 실존철학의 선구자로 여겨진다. 대표 저서로는 『이것이냐 저것이냐』, 『불안의 개념』, 『죽음에 이르는 병』 등이 있다.

실존주의의 선구자

인간은 무엇을 위해 살까?

타자를 위해 산다

에마뉘엘 레비나스
Emmanuel Levinas

홀로코스트에서 살아남은 끝에 이룩한 사상

출신 / 프랑스
생몰년 / 1906년~1995년
좌우명 / 일리아(il y a)에서의 해방

러시아제국(현 리투아니아 지구)에서 태어나 프랑스로 귀화한 사상가이자 유대교 연구자. 오스트리아 사상가인 후설 등에게 높은 평가를 받았으며, 독자적인 실존철학을 전개했다. 대표 저서로 『시간과 타자』, 『실존과 실존자들』 등이 있다.

집착을 버리고 번민에서 해방되기 위해 산다

석가모니
釋迦牟尼, Śakyamuni

불교의 창시자

출신 / 인도
생몰년 / 기원전 5세기 무렵?
좌우명 / 연기(緣起)

본명은 고타마 싯다르타. 고대 인도에 있는 한 작은 왕국의 왕자로 태어났다. 고대 인도의 신분제(바르나Varna)를 부정하고 자비와 평등을 설파했다. 그가 시조가 되어 초기 불교 교단이 탄생했다. 나중에 아시아를 중심으로 널리 퍼져 오늘날까지 막대한 영향을 남겼다.

소크라테스

도대체 인간은 무엇을 위해 살고 있을까? 누구나 한번쯤 이런 생각을 해본 적 있을 걸세. 궁극적으로 자기 자신을 위해서일까? 아니면 인류나 타자를 위해서일까? 마지막 토론에서는 가장 철학적이라고 할 만한 이 문제에 대해 툭 터놓고 이야기해보세.

애덤 스미스

인간은 누구나 이기심에 따라 살아간다고 생각합니다. 설령 타인이나 사회를 위해 산다고 생각할지 몰라도, 그조차도 자신이 그렇게 하고 싶다는 이기심에 따른 것이죠. 이기심이야말로 세계를 움직이는 중요한 원리입니다. 특히 경제활동에서는 파는 쪽과 사는 쪽의 이기심이 최적의 가격을 결정합니다. 이기심에 따라 살아가는 인간은 보이지 않는 손에 이끌려, 세계는 예정조화로 향할 수 있는 거지요.

레비나스

애덤 스미스 선생님, 세계가 이기심으로 성립됐다는 데 전동의할 수 없군요. 이기심이 폭주하면 예정조화의 이상적인 사회는 완전히 거꾸로 가지 않겠습니까? 저는 유대인이라는 이유로 제2차 세계대전 때 **나치스 독일의 수용소**에 갇혔다가 기적적으로 살아 돌아왔습니다. 그러나 그 과정에서 수많은 동료들이 살해당했지요. 이렇게 살벌한 시대

레비나스의 수용소 경험 러시아 리투아니아 지방의 유대인 가정에 태어난 레비나스는 프랑스 스트라스부르대학을 나와 프랑스에 귀화했다. 제2차 세계대전이 일어나자 프랑스 군에 입대했고, 전쟁 포로가 되어 유대인 전쟁 포로 수용소에서 지냈다.

를 이기심과 예정조화만으로 설명할 수 있을까요?

그런 일을 겪었단 말인가? 스코틀랜드 항구 마을에서 태어나 평생을 연구와 집필로 살아온 내게는 상상조차 안 되는 가혹한 인생이로군.

네⋯. 전쟁이 끝나고 돌아온 저는 외톨이가 되어 덩그러니 남았지만, 세계는 아무 일도 없었다는 듯 '그저 있을' 뿐이었지요. 이런 꺼림칙한 세계의 모습을 저는 **일리야**라고 불렀습니다. 일리야 속에서 그저 존재할 뿐인 전 살아가는 일이 두려워 견딜 수가 없었습니다.

레비나스 선생, 그러나 그런 상황에서도 이기심만은 사라지는 일이 없지 않았을까? 밥을 먹고 옷 입고 잘 곳을 찾는 등 기본적으로 살아가기 위한 이기심은 남아 있었을 테지.

아뇨. 그런 태평한 말은 도저히 입에 담을 수도 없었어요. **탈무드** 연구자였던 저조차 전쟁의 부조리 앞에서는 구원의 빛줄기가 보이지 않아 매일 밤 불면에 시달렸습니다.

일리야(il y a) 레비나스의 철학 개념으로, 레비나스가 1947년에 발표한 『실존에서 실존자』에서 제창한 철학 개념이다. 원래 '~가 있다'라는 말이지만 레비나스는 '익명의 무', '어떠한 존재도 아니지만 순수한 무도 아닌' 것을 표현하는 의미로 사용했다.

탈무드 유대교의 율법과 전통 등을 총정리한 책으로, 4세기 말 무렵 팔레스타인에서 나온 것과 6세기 무렵 바빌로니아에서 나온 것 두 종류가 남아 있다. 유대인의 생활 규범과 정신 문화의 초석이 되었다.

무엇을 위해 살아 있는지 도무지 알 수 없었죠.

소크라테스

그런 상황에서 자네는 무엇을 찾아냈는가?

레비나스

그때였지요. 수용소에서 죽어갔던 사람들이 제 눈앞에 나타났습니다. 죽은 이들의 얼굴이 보이기 시작했던 것입니다. 그리고 차츰 깨달았습니다. '아, 죽은 자를 위해 살아가야겠구나' 하고요. 죽은 자들의 얼굴이 저를 윤리적으로 만들어주었습니다. 그들의 몫까지 살아가야겠구나. 그렇게 죽은 자를 등에 짊어짐으로써 인간은 스스로를 윤리적 존재로 고양시키고 이 세계에서 존재할 수 있다는 것을 깨달았습니다.

키르케고르

오호, 그렇군…. 나도 레비나스 군과 비슷한 경험이 있네. 실은 이십대 때 아버지가 **내 일생의 비밀**을 말해주었는데, 나중에 그때의 충격을 대지진으로 표현했었지. 예전에 아버지는 가난 때문에 인생을 저주한 적이 있다고 하시더군. 그리고 첫 번째 부인이 병으로 죽은 후, 하녀와 혼전 관계를 맺고 결혼을 했지. 그 하녀가 바로 내 어머니라네.

키르케고르의 비밀 키르케고르의 부친은 어릴 적 가난한 환경을 원망하며 신을 저주했던 적이 있었다. 또한 첫 부인이 죽은 직후 키르케고르의 모친과 결혼하기 전에 관계를 맺었다. 이 일로 부친은 자신과 자기 자식들이 반드시 신의 벌을 받을 것이라는 망상을 품었고, 키르케고르 역시 그런 공포를 물려받았다.

레비나스

그러면 키르케고르 선생님은 자신이 저주받은 결혼으로 태어나셨다고 생각하신 겁니까?

키르케고르

그렇네. 아버지가 지은 죄 탓인지 내 형제들은 대개 예수가 수난을 겪은 나이인 34세가 되기 전에 다 죽었다네. 나도 그 나이가 되면 죽을 거라고 믿었지. 아버지는 우리 형제를 저주받은 자식이라고 했어. 절망 속에서 어떻게 살아갈까 고민하며 방탕한 생활에 빠진 적도 있었지. 연인 **레기네**에게도 이별을 통고해버렸고, 대중을 선동하는 무책임한 매스컴과 논쟁하느라 밤을 꼬박 새우기도 했지.

레비나스

힘들게 지내셨군요. 이 세계에서 살아간다는 것에 대해 근본적으로 사고해야 했을 테니까요. 그래서 키르케고르 선생님은 어떤 결론에 도달하셨습니까?

키르케고르

음, 누구나 자기가 살고 싶은 대로 살 수는 없다고 생각하네. 달리 말하면 자기의 주체적인 '실존'의 상실로 현대의 병리를 보았어. 신앙의 정열을 잃고 다른 것으로 대체 가능한 몰개성적 시대를 **수평화**한 시대라고들 말하지. 난 그

키르케고르와 레기네 키르케고르는 레기네와 약혼까지 했지만, 가정 환경에서 비롯된 비관적인 생각에 사로잡혀 약혼을 파기한다. 이후 키르케고르는 일부러 방탕한 생활을 해 그녀가 하찮은 자신과 헤어진 일을 슬퍼하지 않도록 했다고 한다.

수평화 키르케고르가 분석한 당대의 특징. 대중에 파묻혀 매스컴 등의 정보에 휩쓸리는 현대인은 살아갈 정열을 잃고, 주체성마저 잃고 있다는 뜻이다.

속에서 단독자, 즉 내가 그것 때문에 살고 또 죽고 싶다고 생각하는 자신의 주체적 진리를 응시하는 것이 중요하다는 생각에 이르렀네.

애덤 스미스

그 말은 곧 자신의 요구에 따라 살아가는 말인 것 같은데…. 그렇다면 자신의 이기심에 충실해야 한다는 내 의견과 엇비슷한 것 아닌가?

키르케고르

그렇지 않아요. 좀 다릅니다. 우선 인간은 제멋대로 쾌락을 추구하는 무책임한 생활(**미적 실존**)에 빠져들면 도리어 쾌락을 얻을 수 없고, 살 수도 죽을 수도 없는 '절망'에 빠집니다. 거기서 나아가면 가정을 꾸리고 우정을 키우며 윤리적으로 살려고 하지요. 그러나 궁극적으로는 윤리에 합치되지 않는 자신을 책망하기 때문에 역시 절망하게 되고요. 여기까지가 **윤리적 실존**입니다.

소크라테스

아, 알겠네. 미적 실존이라는 첫 번째 단계를 거쳐 절망 속에서 윤리적 실존이라는 두 번째 단계로 들어간다는 말이군.

키르케고르

그렇습니다. 그 지점에 이르면 자신과 '신'과의 호응을 통해 살아갑니다. 신 앞에 혼자 서는 것입니다. 이때 인간은 신 앞에서 자신의 유한성을 깨닫지요. 그럼에도 절망하지 않고 신앙에 의해 살아가는 단독자가 됩니다. 이것이 세 번째 단계인 **종교적 실존**입니다.

그렇다면 절망 속에서 주체적인 실존 체험을 하는 것, 다시 말해 자신을 위해 살아가는 것을 통해 신 앞에 홀로 서는 단독자가 될 수 있다는 말이로군.

신과 자신의 관계를 딛고 살아갈 때 인간은 행복해질 수 있습니다. 저는 체험을 통해 그렇게 생각합니다.

(콜록콜록) 이야기를 듣고 있자니 여러분은 대단히 힘겨운 삶을 살아온 것 같습니다. 저는 여러분과 달리 유복한 나라의 왕자로 태어났습니다. 생후 이레째에 어머니 마야를 잃고 아버지의 후처인 이모 손에 자랐지만요.

석가모니 선생님도 고생을 하셨다는 말씀인가요?

(손사래를 치며) 아닙니다. 일족의 기대를 한 몸에 받은 저는 아주 훌륭한 환경에서 자라났지요. 하지만 매일 사색에 잠겨 있었습니다. 그러다가 결국 스물아홉에 출가해 서른다

미적 실존, 윤리적 실존, 종교적 실존 키르케고르가 주장하는 실존의 세 단계(실존 변증법)를 말한다. 인간은 우선 쾌락을 추구하고(미적 실존), 다음으로 의무와 규범에 따르는 삶을 취하며(윤리적 실존), 절망을 거쳐 '신 앞에 선 단독자'로서 신 앞에 서게 된다(종교적 실존).(7라운드 136쪽 참조)

섯에는 진리를 깨달았지요.

소크라테스

아, 그러고 보니 진리는 불교 용어로 '깨달음을 열었다'고 한다든가요?

석가모니

오, 소크라테스 선생님! 잘 알고 있군요. 제가 깨달은 것 중 하나는 모든 존재에는 영원불멸의 개별 실체라고 불리는 '나'라는 것이 없다는 것입니다. 이것을 **제법무아**라고 합니다. 이 세상에 개별적인 실체는 없고 모든 것은 '관계성'으로 생성되지요. "세계에 개별 실체가 따로 있는 것이 아니라 세계는 관계성, 상호 의존성에 의해 생성되어 있다." 이것을 불교에서는 일반적으로 **연기**라고 부릅니다. 우리는 제법무아, 그리고 연기의 세계를 살아가고 있는 것이지요.

레비나스

다시 말해 인간은 타자와 맺는 관계성에 의해 살아간다는 생각이시군요?

석가모니

그렇습니다. 자, 애덤 스미스 선생! 파는 사람과 사는 사람이 한쪽만 있으면 매매가 성립하지 않을 테지요? 키르케

제법무아(諸法無我) 불교에서는 모든 것이 움직이며, 변하는 세계에 불변하는 것은 없다고 보았다. 이는 자기 자신도 마찬가지다. 다른 것과 독립되어 존재하는 자아가 있다는 확신(아집)을 버리고, 자기 자신도 관계성(연기) 안에서 파악하라고 설파했다.

연기(緣起) 모든 것과의 관계성을 가리킨다. 불교의 가르침에 따르면 모든 것은 관계성에 의해 성립하며 단독으로 성립하는 본질이나 실체 같은 것은 존재하지 않는다.

고르 선생! 연인이나 가족, 신과의 관계성이 없다면 단독
자가 될 수 없지 않겠습니까? 레비나스 선생! 타자를 자기
안에 끌어들여 이른바 타자와 더불어 살아갈 때 윤리성이
발생한다고 말했지요. 결국 모든 현상은 개체가 단독으로
존재하고 생겨나는 것이 아니라 모든 것은 관계성에 의해
생겨난다는 말이 되지 않겠습니까?

소크라테스

그렇군요. 세계를 볼 때 하나하나 개별로 보는 것이 아니
라 관계성에 의해 본다는 말씀인데…. 참으로 참신한 발상
입니다. 선생님의 말씀을 좀 더 들려주시지요.

석가모니

알겠습니다. 이렇게 보면 우리 세계에는 단독으로 생성하
는 사물은 없습니다. 모든 것은 얽히면서 한 순간도 정체하
지 않고 변화를 계속하지요. 이것이 바로 **제행무상**입니다.
그리고 이 세상 속에서 모든 것은 괴로워합니다. 인생은
'괴로움' 자체라는 생각을 일체개고(一切皆苦)라고 합니다.

조국의 멸망을 체험

'석가'란 원래 출신 부족(샤키야족)의 이름으로 본명은 고타마 싯
다르타. 카필라 국의 지배층 출신으로 이 나라는 원래 코살라 국
의 종주권 아래 있었지만, 석가모니 만년에 종주국에 의해 멸망
당했다.

애덤 스미스

석가모니 선생님! 확실히 인간은 괴로워하지요. 그러나 그것은 개인의 이기심 문제가 아닐까요? 예를 들어 빈곤의 고통은 돈이 없기 때문이고, 돈이 없어 자신의 이기심을 충족시킬 수 없기 때문이겠지요.

석가모니

아닙니다. 그렇지 않아요. 괴로움의 근원은 사물에 대한 집착입니다. 돈 따위는 자신이 죽어버리면 아무런 소용이 없어요. 지금 가진 용모도 50년이라는 시간이 지나면 어떻게 될 것 같습니까? 가지고 있는 옷들도 언젠가는 입을 수 없게 되지요. 자동차도 그렇고 시계도 그렇습니다. 돈이 아무리 많아봤자 무덤까지 가져갈 수는 없겠지요. 자신이 가진 이런 욕망과 고집을 저는 **번뇌**라고 부르고 있습니다.

키르케고르

그러면 어떻게 해야 번뇌에서 벗어날 수 있습니까? 저는 자신이 유한한 존재이고 무력하다는 것을 신 앞에서 자각하는 것, 한마디로 종교적 실존으로 돌아감으로써 자기 자신을 되찾으려 했습니다. 석가모니 선생님은 어떠신지요?

석가모니

방법은 단순합니다. 자신의 욕망이나 고집을 끊어내면 됩

제행무상(諸行無常) 이 세상의 모든 것은 끊임없이 변화하며 탄생과 소멸을 되풀이하므로 불변하는 것은 없다는 사상. 세상은 모두 덧없는 것이라는 뜻이 함축되어 있다.

번뇌(煩惱) 불교에서 말하는 깨달음을 가로막은 괴로움이나 방황을 일으키는 마음의 작용을 뜻한다. 특히 탐욕, 성냄, 어리석음이라는 세 가지 큰 번뇌가 있다고 한다.

니다. 이 세상에서 번뇌를 없애면 반드시 고요한 최고 행복의 경지인 **열반**에 이를 수 있습니다. 즉 나날의 번뇌를 떨쳐내도록 생활해야 합니다.

레비나스

오, 그렇군요. 저는 아까 타자를 자기 안에 끌어들여야 한다고 주장했습니다만, 바꿔 말하면 타자인 죽은 자에게 관계성을 느끼고 있던 거지요. 석가모니 선생님은 관계성과 집착을 연관 짓고 계신지요?

석가모니

참 좋은 질문을 해주었습니다. 인간은 관계성, 즉 '연기'를 깨달으면 필연적으로 자기 욕망이나 고집에서 해방되어 번뇌가 없어지지요. 죽음에 대한 두려움도 없어집니다.

레비나스

아하, 과연…. 삶과 죽음이 연관되어 있다는 것을 깨달으면 자신의 죽음이 두려워지지 않는다는 말씀입니까?

석가모니

바로 그 말입니다. 저는 모든 것이 하나로 연결된 연기관에서 비롯한 사랑의 형태로 **자비**를 꼽습니다. 사랑하는 마음을 가지고 중생에게 즐거움을 주는 '자'와 가엾게 여기

열반(涅槃) 니르바나(Nirvana)라고 하며, 번뇌가 사라지고 평정과 안온함이 실현된 경지를 이른다.

자비(慈悲) '자(慈)'는 산스크리트어의 마이트리(Maitri)라는 원어에서 왔고, 타자에게 즐거움을 주는 것을 말한다. '비(悲)'는 산스크리트어로 카르나(Karuna)이고, 타자의 괴로움을 없애는 것이다.

는 마음으로 중생의 괴로움을 없애는 '비'로 구성된 개념이지요. 다시 말해 다른 사람의 불행을 두고 자신만 행복할 수 없다는 말이지요. 인간은 세계와 관계를 맺기 위해 살아갑니다. 예를 들면 지금 선생이 도둑질을 했다고 가정해봅시다. 당장 그 자리에서는 선생이 행복해질 수 있겠지요. 그러나 도둑질을 당한 쪽은 곤란해질 겁니다. 이런 상황을 불교에서는 행복이라고 말하지 않습니다. 왜냐하면 행복을 얻기 위한 선생의 행동이 누군가의 괴로움을 만들었기 때문이지요.

애덤 스미스

그건 지나치게 이상론이 아닙니까? 인간의 욕망이 서로 부딪치는 것이 사회를 행복하게 만든다는 사고방식도 있을 수 있습니다.

레비나스

아니, 그렇지 않습니다. 애덤 스미스 선생님은 1라운드에서 **공감의 윤리**라는 말로 중립적인(공평한) 관찰자라는 거래 규칙을 말씀하셨지요. 저도 혼자가 되어 살아가면 살아갈수록 불안하고 살아가는 것이 무엇인지 알 수 없어서 고통스러웠습니다. 그렇지만 타자를 의식했을 때 비로소 살

공감의 윤리　애덤 스미스는 중립적인(공평한) 제3자의 시점을 갖고 자신을 객관적으로 보면, 본성이 이기적인 인간이라도 타인에 대한 공감과 동정에 의해 도덕적으로 행동할 수 있다고 생각했다.(1라운드 37쪽 참조)

무명(無明)　세상의 진리를 이해하지 못하고 있는 상태를 말한다. 인간이 괴로워하거나 방황하는 원인의 하나가 된다.

아가자는 마음을 먹을 수 있었어요.

석가모니

이렇게까지 제 말을 이해해주니 기쁘군요. 이 세상의 괴로움은 진리나 법을 알지 못하는 **무명**에 있습니다. 여러분의 입장은 다 다릅니다. 살았던 시대도 다르고…. 그러나 인간은 혼자 살아가는 것이 아니라 늘 관계성을 받아들이며 살아가고 있습니다. 이 토론회도 그렇고 말이지요.

소크라테스

석가모니 선생, 고맙습니다. 잘 간추려서 매듭을 지어주셨어요. 우리가 조금 일찍 만나 많은 대화를 나눌 수 있었다면 참 좋았을 텐데….

석가모니

하하, 그러게 말입니다.

소크라테스

자, 그럼 이제 마지막 정리를 시작해볼까. 애덤 스미스 군의 이기심, 키르케고르 군이 말하는 신과의 관계, 레비나스 군의 타자…. 모두 무언가와 관계하면서 이 세계를 살아가

이것만은 꼭 알아두자!

저작을 남기지 않았던 철학자들

석가모니는 경전을 쓰지 않았다. 공자도 저작을 남기지 않았다. 유학의 경전인 『논어』는 공자 사후에 제자들이 그와 나눈 말들을 정리한 것이다. 이는 서양에서도 마찬가지다. 오늘날 소크라테스의 사상은 제자 플라톤의 '대화편'들을 통해 전해지고 있다. 예수도 그렇다. 이렇게 보면 철학에서는 책을 읽는 것만큼이나 대화가 중요하다는 것을 알 수 있다.

고 있군. 그렇게 보면 석가모니 선생과 나는 비슷한 세대를 살았어. 공자 선생도 그렇고. 우리는 모두 스스로 책을 쓰지 않았네. 시대는 다르지만 예수도 그랬고 말이야. 우리의 사상은 제자들과 나눈 대화를 통해 계승되어 오늘날까지 이르렀네. 이것도 하나의 관계가 이루어낸 업적이겠지. 관계가 없으면 문답법이 어떻게 있었겠나? 인간 세계는 오늘도 매일 대립을 계속하고 있지만 서로 밀접한 관계를 맺고 있다는 사실을 깨닫는다면 다른 세계가 보일지도 모르겠네.

그럼, 마지막으로 나도 한마디 해도 되겠나? 나는 음미없는 인생은 살아갈 가치가 없다고 생각하고 있어. 아무것도 음미하지 않은 채 판단을 내리는 것은 인간의 지성을 업신여기는 일이지. 그래서 가치 기준과 판단 기준의 척도에 대해 여러 철학자들이 토론하고 음미하도록 한 것이네. 무엇보다 하나의 사물을 판단할 때는 서로의 의견을 먼저 수용해야만 해. 그러기 위해서는 일단 편견이 없는 무지의 상태가 되어야 하지. 오늘 이렇게 자네들과 독자들이 어떤 문제에 대해 냉철하게, 때로는 인간 냄새를 풍기며 치열하게 대화해준 것, 즉 **철학**을 해준 것에 진심으로 감사하고 싶네.

철학 세계나 인간이 어떤 의미나 목적을 갖고 있는지에 대해 근원적으로 생각하고 질문을 던지는 학문을 말한다. 고대 그리스에서는 '애지(愛 知, philosophia)', 즉 지혜(sophia)를 사랑하는 것(philos)으로 여겨졌다. 다시 말해 지혜를 사랑하며 추구하는 모든 탐구와 활동을 가리킨다.

우리는 무엇을 위해 살아가는가? 그것은 바로 세계를 계속 음미하기 위해서야. 우리 철학자들의 메시지는 이것일세. 실은 모든 사람들이 언제나 하고 있는 일이지. 특별할 것은 없어. 지금 이렇게 사물을 생각하고 음미하고 있는 독자들이 하고 있는 일이란 말이야. 지혜를 사랑하는 여러분들, 아무쪼록 행복한 삶을 살기를! (일동 박수)

토론자들의 주장 정리

❶ 개개인이 이기심에 따라 살아가면 사회 전체는 잘 굴러간다. (애덤 스미스)
❷ 죽은 자를 짊어짐으로써 이 세상을 윤리적으로 살아갈 수 있다. (레비나스)
❸ 자신을 위해 살아감으로써 신앙적인 행복을 얻을 수 있다. (키르케고르)
❹ 모든 것에 대한 번뇌를 끊어냄으로써 괴로움이 없는 삶을 살 수 있다. (석가모니)
❺ 세계 그리고 인간에 대해 계속 음미하기 위해 살아간다! (소크라테스)

맺음말

논쟁들을 즐겁게 관전하셨는지요. 본문에서는 되도록 제 개인적인 의견을 넣지 않고 철학적 주제들에 대한 사상가들의 대립을 강조하면서 독자들이 생각할 여지를 가질 수 있도록 했습니다. 이 책은 다음의 세 가지 요소를 생각하며 썼습니다.

첫째, '격차 문제'나 '소년법', '안락사'라는 현대적 문제를 다룸으로써 친근한 문제에 대한 가치 판단의 중요성을 소개하려 했습니다.

둘째, 뚜렷한 이항 대립의 도식이 보이기 쉬운 주제는 양쪽의 주장을 균형 있게 담아 서로 우열을 가리지 않고 쌍방의 사상적 개요를 소개하고자 했습니다.

셋째, 어떤 문제도 하나의 답으로 귀결시키지 않고 늘 계속 탐구할 필요성이 있다는 점을 강조했습니다.

이 책에서 다룬 다양한 문제들은 정답이 중요한 것이 아니라 각자 답을 찾아내는 과정이나 가치 판단의 철학적 논거와 근거가 무엇인지가 중요합니다. 다양한 사고방식을 접함으로써 여러분이 자신만의 가치 판단의 기준을 만든다면 아주 멋진 일이 될 것입니다.

우리는 매일 다양한 순간마다 판단을 내려야 할 때가 많습니다.

256

그리고 그때마다 판단의 기준이 되는 것이 바로 우리가 배운 지식입니다.

이 책을 다 읽은 여러분의 머릿속에는 가치 판단을 위한 37인분의 지식이 들어가 있습니다. 이제부터 어떤 판단을 내릴 필요가 있을 때에는 이들이 말했던 기준들을 떠올려보십시오. 그리고 그 기준들을 참조하면서 자신만의 가치 판단 기준을 세워보세요. 그러한 가치 판단에 기초해 근사한 인생의 길을 걸어가시기 바랍니다.

마지막으로 바쁜 와중에도 생동감 넘치는 일러스트를 그려준 이와모토 다쓰로 씨, 1년 가까이 원고를 기다리고 격렬하게 토론을 주고받으면서도 장인처럼 원고를 치밀하게 편집해준 와카쓰키 다카시 편집자, 그리고 독자 여러분께 이 자리를 빌려 진심으로 감사드립니다.

2016년 4월 길일, 별이 빛나는 자택 서재에서
하타케야마 소

주요 참고문헌

- プラトン, 田中美知太郎訳,『プラトン全集1』, 岩波書店, 1975.
- プラトン, 久保勉訳,『饗宴』, 岩波文庫, 2008.(플라톤 지음, 박종현 옮김,『향연/ 파이드로스/리시스』, 서광사, 2016.)
- 藤沢令夫監訳,『ギリシア哲学(シャトレ哲学史1)』, 白水社, 1976.
- 藤沢令夫,『プラトンの哲学』, 岩波新書, 1998.
- 山本光雄訳,『初期ギリシア哲学者断片集』, 岩波書店, 1958.(김재홍 외 옮김, 『소크라테스 이전 철학자들의 단편 선집』, 아카넷, 2005. 참조.)
- アリストテレス, 高田三郎訳,『ニコマコス倫理学』(全2巻), 岩波文庫, 1971· 1973.(아리스토텔레스 지음, 천병희 옮김,『니코마코스 윤리학』, 도서출판 숲, 2013.)
- 宗像恵·中岡成文編著,『西洋哲学史〔近代編〕 科学の形成と近代思想の展 開』, ミネルヴァ書房, 1995.
- デカルト, 小場瀬卓三訳,『方法序説』, 角川文庫, 1953.(르네 데카르트 지음, 이 현복 옮김,『방법서설』, 문예출판사, 1997.)
- 小林道夫,『デカルト入門』, ちくま新書, 2006.
- 石井栄一,『ベーコン』, 清水書院, 1977.
- ロック、ヒューム, 宮川透訳,『世界の名著27』, 中央公論社, 1968.
- カント, 野田又夫他訳,『世界の名著32』, 中央公論社, 1972.
- 小牧治,『カント』, 清水書院, 1967.
- ノルベルト·ヴァイス, 藤川芳朗訳,『カントへの旅』, 同学社, 1997.
- ヘーゲル, 武市健人他訳,『ヘーゲル全集10』, 岩波書店, 1995.
- 長谷川宏,『ヘーゲル「精神現象学」入門』, 講談社選書メチエ, 1999.
- 沢田章,『ヘーゲル』, 清水書院, 1970.
- ルネ·セロー, 高橋允昭訳,『ヘーゲル哲学』, 白水社, 1973.
- マルクス, 高島善哉他訳,『世界の大思想 第2期04』, 河出書房新社, 1967.
- 廣松渉,『今こそマルクスを読み返す』, 講談社現代新書, 2013.

- キルケゴール, 桝田啓三郎他訳,『世界の名著40』, 中央公論社, 1966.
- ニーチェ, 手塚富雄訳,『世界の名著46』, 中央公論社, 1966.
- 新田章,『ヨーロッパの仏陀 ニーチェの問い』, 理想社, 1998.
- 水野清志,『ニーチェを読む』, 南窓社, 2000.
- 西尾幹二,『ニーチェとの対話 ツァラトゥストラ私評』, 講談社現代新書, 1978.
- 永井均,『これがニーチェだ』, 講談社現代新書, 1998.
- ヴォルフガング・ミュラー= ラウター, 新田章訳,『ニーチェ論攷』, 理想社, 1999.
- フリードリッヒ・ニーチェ, 原佑訳,『権力への意志 上・下 (ニーチェ全集12・13)』, ちくま学芸文庫, 1993.(프리드리히 니체 지음, 박찬국 옮김,『유고(1882년 7월~1883/1884년 겨울)』, 책세상, 2001. 참조.)
- フリードリツヒ・ニーチェ, 川原栄峰訳,『この人を見よ 自伝集 (ニーチェ全集15)』, ちくま学芸文庫, 1994.(프리드리히 니체 지음, 백승영 옮김,『바그너의 경우/우상의 황혼/안티크리스트/이 사람을 보라/디오니소스 송가/니체 대 바그너(1888~1889)』, 책세상, 2002. '이 사람을 보라' 참조.)
- フリードリツヒ・ニーチェ, 信太正三訳,『悦ばしき知識 (ニーチェ全集8)』, ちくま学芸文庫, 1993.(프리드리히 니체 지음, 안성찬・홍사현 옮김,『즐거운 학문/메시나에서의 전원시/유고(1881년 봄~1882년 여름)』, 책세상, 2005. '즐거운 학문' 참조.)
- ヤスパース, 草薙正夫訳,『哲学入門』, 新潮文庫, 1954.(카를 야스퍼스 지음, 전양범 옮김,『철학학교/비극론/철학입문/위대한 철학자들』, 2009. '철학입문' 참조.)
- サルトル, 伊吹武彦訳,『実存主義はヒューマニズムである』, 人文書院, 1996.(장 폴 사르트르 지음, 박정태 옮김,『실존주의는 휴머니즘이다』, 이학사, 2008.)
- レヴィナス, 合田正人編訳,『レヴィナス・コレクション』, ちくま学芸文庫, 1999.
- 熊野純彦,『レヴィナス入門』, ちくま新書, 1999.

- ジョン・ロールズ, エリン・ケリー編, 田中成明、亀本洋、平井亮輔訳, 『公正としての正義 再説』, 岩波書店, 2004.(존 롤스 지음, 에린 켈리 엮음, 김주휘 옮김, 『공정으로서의 정의:재서술』, 이학사, 2016.)
- 川本隆史, 『ロールズ 正義の原理』, 講談社, 1997.
- 藤川吉美, 『ロールズ哲学の全体像 公正な社会の新しい理念 (正義の研究 2)』, 成文堂, 1999.
- 藤川吉美, 『正義論入門』, 論創社, 1979.
- 藤川吉美, 『社会思想史 価値基準の進化 (正義の研究3)』, 成文堂, 1997.
- 寺崎峻輔・塚崎智・塩出彰編, 『正義論の諸相』, 法律文化社, 1989.
- A・マッキンタイア, 篠崎榮訳, 『美徳なき時代』, みすず書房, 1993.(알래스데어 매킨타이어 지음, 이진우 옮김, 『덕의 상실』, 문예출판사, 1997.)
- マイケル・J・サンデル, 鬼澤忍訳, 『これからの「正義」の話をしよう』, 早川書房, 2011.
- マイケル・J・サンデル, 菊池理夫訳, 『リベラリズムと正義の限界』, 勁草書房, 2009.(마이클 센델 지음, 이양수 옮김, 『정의의 한계』, 멜론, 2012.)
- トーマス・カスカート, 小川仁志監訳・高橋璃子訳, 『『正義』は決められるのか?』, かんき出版, 2015.
- 三枝充悳, 『仏教入門』, 岩波新書, 1990.
- バートランド・ラッセル, 高村夏輝訳, 『哲学入門』, ちくま学芸文庫, 2005.(버트런드 러셀 지음, 박영태 옮김, 『철학의 문제들』, 이학사, 2000.)
- ハンス・J・シュテーリヒ, 草薙正夫、長井和雄他訳, 『世界の思想史』, 白水社, 1995.(한스 요아킴 슈퇴릭히 지음, 임석진 옮김, 『세계철학사』(전 2권), 1989, 2004.)
- 伴博, 『哲学の世界 総論』, 北樹出版, 1990.
- 伴博・遠藤弘編, 『現代倫理学の展望』, 勁草書房, 2001.
- 玉井茂, 『西洋哲学物語 哲学者たちのドラマティーク』, 青木書店, 1997.

- 內山勝利·中川純男編著,『西洋哲学史[古代·中世編]フィロソフィアの源流と伝統』, ミネルヴァ書房, 1996.
- アンネマリー·ピーパー, 越部良一·御子柴善之訳,『倫理学入門』, 文化書房博文社, 1998.
- マーティン·コーエン, 矢橋明郎訳,『哲学101問』, ちくま学芸文庫, 2008.
- マーティン·コーエン, 榑沼範久訳,『倫理問題101問』, ちくま学芸文庫, 2007.
- ジュリアン·バジーニ, 向井和美訳,『100の思考実験』, 紀伊國屋書店, 2012. (줄리언 바지니 지음, 정지인 옮김,『유쾌한 딜레마 여행:상상력에 불을 지피는 사고 실험 100』, 한겨레출판, 2007.)
- 池田晶子,『14歳からの哲学 考えるための教科書』, トランスビュー, 2003.
- 中島義道,『哲学の教科書』, 講談社学術文庫, 2001.(나카지마 요시미치 지음, 김윤희 옮김,『철학의 교과서』, 지식의날개, 2014.)
- 中島義道,『「時間」を哲学する』, 講談社現代新書, 1996.
- 中島義道,『哲学者のいない国』, 洋泉社, 1997.
- 木田元編,『哲学の古典101物語』, 新書館, 1996.
- 木田元編,『現代思想フォーカス88』, 新書館, 2000.
- 今村仁司編,『現代思想を読む事典』, 講談社現代新書, 1988.
- 佐藤正英監修·甲田烈·山本伸裕,『手にとるように哲学がわかる本「存在」することとは何か?』, かんき出版, 1999.
- 浜田正,『図解哲学のことが面白いほどわかる本』, 中経出版, 1999.
- 畠山創,『考える力が身につく哲学入門』, 中経出版, 2012.
- 廣松渉編,『岩波 哲学·思想事典』, 岩波書店, 1998.
- 『ブリタニカ国際大百科事典』, ブリタニカ·ジャパン, 2015.
- 『世界大百科事典 第2版』, 平凡社, 2005.
- 『日本大百科全書』, 小学館, 1998.

찾아보기

대논쟁!
철학 배틀

초판 1쇄 발행 2017년 2월 1일
초판 14쇄 발행 2022년 9월 26일

지은이 하타케야마 소
그린이 이와모토 다쓰로
옮긴이 김경원
펴낸이 김선식

경영총괄 김은영
콘텐츠사업4팀장 임소연 **콘텐츠사업4팀** 황정민, 옥다애
편집관리팀 조세현, 백설희 **저작권팀** 한승빈, 김재원, 이슬
마케팅본부장 권장규 **마케팅4팀** 박태준, 문서희
미디어홍보본부장 정명찬 **홍보팀** 안지혜, 김민정, 오수미, 송현석
뉴미디어팀 허지호, 박지수, 임유나, 송희진, 홍수경 **디자인파트** 김은지, 이소영
재무관리팀 하미선, 윤이경, 김재경, 안혜선, 이보람
인사총무팀 강미숙, 김혜진, 황호준
제작관리팀 박상민, 최완규, 이지우, 김소영, 김진경, 양지환
물류관리팀 김형기, 김선진, 한유현, 민주홍, 전태환, 전태연, 양문현, 최창우

펴낸곳 다산북스 **출판등록** 2005년 12월 23일 제313-2005-00277호
주소 경기도 파주시 회동길 490 다산북스 파주사옥
전화 02-702-1724 **팩스** 02-703-2219 **이메일** dasanbooks@dasanbooks.com
홈페이지 www.dasanbooks.com **블로그** blog.naver.com/dasan_books
종이 한솔피앤에스 **인쇄** 민언프린텍 **제본** 정문바인텍 **후가공** 평창P&G

ISBN 979-11-306-1104-4 (03100)

다산북스(DASANBOOKS)는 독자 여러분의 책에 관한 아이디어와 원고 투고를 기쁜 마음으로 기다리고 있습니다.
책 출간을 원하는 아이디어가 있으신 분은 다산북스 홈페이지 '원고투고'란으로 간단한 개요와 취지, 연락처 등을 보내주세요.
머뭇거리지 말고 문을 두드리세요.